KB118505

# 공감과 소통

Empathy and Communication

박성옥 · 김혜영 · 최영희 · 김연정 · 허혜리 공저

학지사

# | 머리말 |

현대를 살아가는 우리의 삶은 물질적으로 더욱 풍요로워졌지만, 사회가 팽창하면서 사람들은 풍요로운 물질에 비해 고립감과 소외감을 느끼는 경우가 점점 더 많아지고 있다. 우리는 사회가 요구하는 목표 지향적 과정 속에서 어린 시절부터 공부만을 강요당하면서 성공을 위해 경쟁적으로 앞만 보고 달려가고 있다. 그 과정에서 지식적인 면은 채워졌지만, 어릴 적부터 친구들과 함께 놀이를 통해 자연스럽게 경험하여야 알 수 있는 서로의 감정과 생각을 이해하는 것은 체득하기 어려워졌다.

이렇게 성장해 온 사회초년생들은 사회에 쉽게 적응하지 못하고, 사람들과 함께 어울리는 활동에 어려움을 느끼고 있다. 이때 친밀한 관계를 맺고, 그 안에서 자신을 성장시키기 위해서는 서로의 마음을 이어 주는 공감과 소통이 필요하다.

공감과 소통은 서로를 알고 이해하는 것에서 시작하며 나아가 상대의 정서와 감정을 함께 느끼는 것이다. 이러한 공감이 상대에게 전해질 때 서로에게 정서적 공명이 일어나고 더 깊은 관계를 유지하게 되며, 이는 긍정적 순환의 소통으로 이어지게 된다. 이러한 공감과 소통은 관계에서 깊은 정서적 유대감을 만들어 자신을 변화시키고 사회를 변화시키는 원동력이 된다. 이에 저자들은 이 책을 다음과 같이 구성하였다.

제1부에서는 공감과 소통을 이해하고, 자신과 다른 사람을 이해하며 더 나아가 세상을 바라보는 시각을 확장시킬 수 있는 방법을 다루었다.

제2부에서는 감정을 표현하는 방법에 대해 활동하며 토론해 보도록 하였다. 또 이러한 감정이 관계 속에서 어떤 의미가 있고, 어떻게 공명하는지 알아보고자 하였다.

제3부에서는 공감과 소통의 표현으로 실생활에서 활용할 수 있도록 충분히 연습하는 실습과정이다. 이러한 실습을 통해 이론과 실제를 통합하여 역지사지의 마음가짐을 갖고 행동의 변화를 꾀하고자 하였다.

제4부에서는 공감과 소통의 어울림으로 스스로 자신의 변화를 점검해 볼 수 있으며, 더 나아가 자신의 변화가 공동체뿐만 아니라 사회에 어떠한 영향을 미칠 수 있는지에 대해 생각해 보도록 하였다.

우리가 알고자 하는 공감과 소통은 관계 속에 사는 현대 사회에서 매우 중요한 부분이며 많은 노력과 연습이 필요하다. 이 책을 통해 자신과 타인을 이해하고 공감하며 소통함으로써 친밀한 관계 속에서 나아가 사회인으로서 자신의 역량을 발휘하고 행복한 삶을 살 수 있었으면 한다. 끝으로 저자들은 앞으로도 공감과 소통을 위한 연구와 프로그램 개발에 힘쓰며 노력할 것이다.

2016년 3월

저자 일동

| 차 례 |

| 제1부 |

# 공감과 소통의 이해

만약 그대가 자신을 알고자 한다면,
다른 사람들이 하는 행동을 보라.
만약 그대가 사람들을 이해하고자 한다면,
그대 자신의 마음을 들여다보라.

- Friedrich Schiller -

공감과 소통의 출발은
나와 상대를 이해하는 것이다.

제1장

# 공감과 소통이란 무엇인가

공감과 소통을 이해하고,
다른 사람들과 공감하며 소통하는 것의 필요성에 대해
알아볼 수있다.

## 들어가면서

### 공감의 Key-Words

공감과 혼동되는 의미 때문에 타인과 관계하는 데 어려움을 겪었던 적이 있을 것이다. 우리가 생각하는 공감은 무엇이었을까? 그동안 내가 생각했던 공감에 대해 정리해 보자.

공감 하면 떠오르는 Key-Words를 적어 보세요.

# 1. 공감과 소통 이해하기

사람은 혼자서 살아갈 수 없다. 우리는 태어나면서부터 가족 안에서 살고 있고, 학교에서 또래 관계를 통해 성장해 왔다. 그리고 대학생이 되어서는 학과 생활뿐만 아니라 동아리 활동 등을 통해서 다양한 관계를 경험하고 있다. 우리는 앞으로 사회로 나가서 복잡한 관계를 맺고, 다양한 역할을 할 것이다. 이런 복잡한 관계 속에서 행복하고 풍요롭게 살기 위해서는 다른 사람들과 공감하며 소통하는 것이 필요하다.

## 1) 공감이란

우리가 살아오면서 자신이 경험하지 않았지만 다른 사람을 보고 기쁨이나 슬픔 등을 느끼며 경험하는 것이 공감이다. 공감은 다른 사람의 감정을 마치 내 것처럼 느끼고 다른 사람의 정서와 생각을 파악하여 그에 맞는 반응을 적절하게 할 수 있는 능력이다. 응급 환자를 태운 구급차가 지나가는데 다른 차량들이 비켜주는 모세의 기적이 크게 이슈가 되는 사회가 되고 있다. 현재를 사는 우리는 서로에 대한 배려가 적고, 개인 중심의 사회로 변하면서 다른 사람을 이해하는 능력들이 떨어지고 자기중심적인 모습으로 변하고 있다.

하지만 사람이 다른 사람의 영향을 받지 않고 혼자 살아갈 수 있을까? 은둔형 외톨이라고 하더라도 인터넷, SNS, 택배 등을 통해 다른 사람과 접촉을 하며 삶을 이어 간다. 결국 우리는 관계 속에 살고 삶을 유지한다. 사회 속에서 공감으로 다른 사람을 이해하고 관계하는 것은 우리 삶을 더 풍요롭게 한다.

공감에 대한 이해는 시대와 학자에 따라 조금씩 달리하고 있지만, 인지적 공감과 정서적 공감으로 구분하는 것에 대해서는 비슷한 견해를 가지고 있다. 인지적 공감은 다른 사람의 내적인 상태를 이해하는 것이다. 이는 다른 사람의 생각, 바람, 믿음, 의도 등과 같은 마음 상태를 아는 것이라고 볼 수 있다. 정서적 공감은

〈표 1-1〉 인지적 공감과 정서적 공감

| 인지적 공감 | 정서적 공감 |
|---|---|
| 다른 사람의 생각, 바람, 믿음, 의도를 이해하는 능력 | 다른 사람을 바라보면서, 감정이나 느낌을 정서적으로 공유하는 경험 |

다른 사람을 바라보면서 정서를 함께 경험하는 것이다. 이는 다른 사람과 감정을 공유하고 그것을 표현하는 것이라고 볼 수 있다. 우리가 좀 더 공감을 잘 하기 위해서는 다른 사람의 형편, 상황을 이해하는 인지적 공감과 다른 사람과 감정이나 느낌을 정서적으로 공유하는 정서적 공감이 서로 조화롭게 이루어져야 한다.

내가 다른 사람의 감정에 공감하려면 먼저 다른 사람을 이해하고 이때 '나'의 첫 공명반응이 일어난다. 그다음에 다른 사람이 '나'의 공감을 받고 공명반응을 하게 되고 이어서 이 반응을 살펴보는 나에게서 다시 두 번째 공명반응이 일어난다. 두 사람 사이에서 공감이 일어날 때 공감을 하는 사람 편에서 보면 적어도 두 번의 공명반응을 경험하는 셈이다.

처음 공명반응이 '아하!'라는 반응으로 상대방을 이해하고 통찰하는 것이라면 두 번째 공명반응은 상대방과 하나가 되었다는 일체감과 연대감 그리고 거기서 오는 뿌듯함으로 촉진적 관계로 연결할 수 있다.

내가 보여 준 공감이 다른 사람에게는 동정으로 받아들여져 오해가 생기기도 하고, 다른 사람에게 공감을 하려다 감정이 너무 몰입되어 조절이 되지 않았던 경험도 있을 것이다. 이런 경험들은 동정, 동감, 감정이입 등과 공감이 비슷한 의

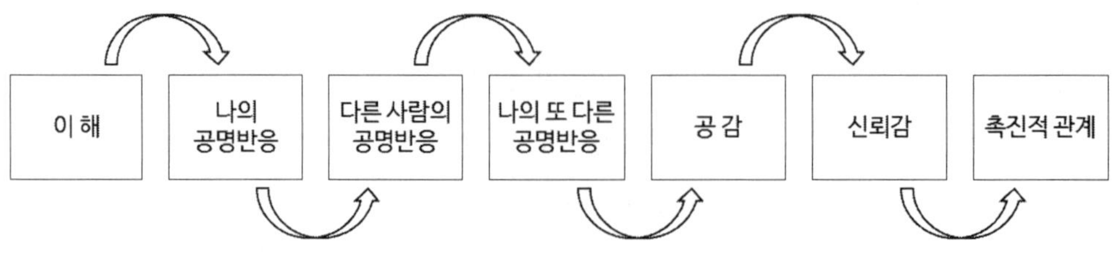


[그림 1-1] 공감과 소통의 과정

미로 받아들여져 생기는 일들이다.

동정은 다른 사람의 고통이 나의 고통이 되어 그 고통을 줄이기 위해 무엇인가를 해주고 싶은 마음이 드는 것이다. 하지만 공감은 다른 사람의 고통이 내 것이 되는 것이 아니라 그 고통을 다른 사람의 입장이 되어 함께 느끼는 것이다.

동감은 다른 사람이 생각하는 견해나 의견을 같이하는 것이라고 볼 수 있다. 하지만 공감은 다른 사람의 생각뿐만 아니라 정서적인 부분인 감정까지 같이하는 것으로 동감과 그 의미가 다르다.

감정이입은 다른 사람을 나와 구별 없이 마치 한 사람인 것처럼 같은 감정을 느끼는 것이다. 하지만 공감은 나와 다른 사람을 구분하여 그가 느끼는 것과 비슷한 감정을 느끼는 정서적인 반응이라고 볼 수 있다.

**〈표 1-2〉 공감과 혼동되는 의미들**

| | 의미 | 공감 |
|---|---|---|
| 동정 | 다른 사람의 고통이 나의 고통이 되어 그 고통을 줄이기 위해 무엇인가를 해주고 싶은 마음이 드는 것 | 다른 사람의 고통이 내 것이 되는 것이 아니라 그 고통을 다른 사람의 입장이 되어 함께 느끼는 것 |
| 동감 | 다른 사람이 생각하는 견해나 의견을 같이하는 것 | 다른 사람의 생각뿐만 아니라 정서적인 부분인 감정까지 같이하는 것 |
| 감정이입 | 다른 사람을 나와 구별 없이 마치 한 사람인 것처럼 같은 감정을 느끼는 것 | 나와 다른 사람을 구분하여 그가 느끼는 것과 비슷한 감정을 느끼는 정서적인 반응 |

### 2) 소통이란

우리는 언제부터 소통을 시작했을까? 소통은 삶의 모든 영역이다. 삶은 인간이 살아가는 과정이며, 그 속에는 소통이 존재한다. 우리의 존재는 부모의 소통으로부터 시작되었고, 우리는 엄마의 뱃속에서부터 세상과 소통하기를 배워 왔다. 우리는 엄마에게 발길질을 하며 우리의 존재를 알려 주었고, 부모는 우리에게 자신의 목소리를 들려 주면서 소통을 하였다. 그리고 아이의 울음은 자신의 탄생을 세상에 알리는 직접적인 소통의 시작이다.

아이는 말을 할 수 있는 근육과 요령이 생기기 전에 이미 듣고 이해할 수 있는 능력이 있지만 자신의 의사를 정확히 전달할 수가 없어 힘들어한다. 이러한 어려움은 아이들에게 정서적 · 언어적 좌절감을 줄 수 있다. 이렇게 언어로 표현하기 힘들 때 아이가 말 대신 사용하는 몸짓이나 손짓을 베이비 사인(baby sign)이라고 한다. 베이비 사인은 부모와 아이 간의 소통을 수월하게 할 뿐 아니라 아이에게 성취감과 자신감을 주고, 아이가 독립적이고 창의적으로 성장할 수 있도록 도와준다.

소통은 관계에서 서로 영향을 주고받고 생각, 느낌 등을 전달한다. 소통은 사회 속에서 다른 사람들과 생각, 감정, 정보, 태도, 의견 등을 주고받는 상호작용 과정으로 언어적 · 비언어적 메시지가 포함되어 있다. 우리는 다른 사람들과 만나고, 친밀감이 생기고, 관계 속의 어려움을 해결하기 위해 소통을 한다. 이 과정을 통해 우리는 서로 이해를 한다. 그만큼 소통은 우리에게 필요하고 중요하다. 우리는 외국어와 컴퓨터를 잘 하기 위해서는 아낌없이 투자하고 노력하지만, 다른 사람과 관계하는 데 필요한 소통 능력을 향상시키기 위해서는 노력을 기울이지 않는다. 그러므로 우리는 소통에 대한 관심을 높여 서로를 더 깊이 있게 이해하고, 원만한 관계를 맺어 좀 더 행복한 삶을 살도록 노력해야 한다.

## 2. 공감으로 하는 소통

우리는 공감으로 하는 소통을 통해 피상적인 관계를 넘어 진실성 있고 따뜻한 만남을 유지할 수 있다. 피상적인 관계는 서로를 깊이 있게 이해하지 못하게 함으로써 우리의 감정을 메마르게 하고 고립시킨다. 반면, 공감으로 하는 소통은 우리의 감정을 살려 생동감을 주고 삶의 활력을 느끼게 한다. 공감으로 하는 소통은 다음과 같은 과정을 통해 일어난다(박성희, 2004).

첫 번째 단계는 '공감적 주의집중'이다. 공감적 주의집중을 하기 위해서는 관심 기울이기, 적극적으로 경청하기를 해야 한다. 관심 기울이기는 눈 마주침, 표정 등으로 자신의 메시지를 전달하며 소통을 하는 것이다. 그리고 적극적으로 경청하기는 고개 끄덕임, 미소, 상대에게 기울어진 자세 등의 행동을 하며 상대방의 메시지를 파악하는 것이다.

두 번째 단계는 '공감적 공명'이다. 이는 상대방의 메시지를 듣고 마음으로 이해하는 과정이다. 공감은 인지적 공감과 정서적 공감을 모두 포함하는데, 상대방을 의식적으로 인지하는 '인지적 공감'과 상대방의 감정에 자발적이고, 무의식적으로 느끼고 상상하는 '정서적 반응'으로 이루어진다. 공감적 공명은 어느 한쪽만 일어나는 것이 아니라 인지적 공감을 수용하고 정서적 공감의 공유가 함께 일어나는 것이다.

세 번째 단계는 '표현된 공감'이다. 앞에서 공감적으로 이해한 내용을 표현하는 과정으로서 공감을 통한 소통에 해당된다. 상대방에 대한 인지적 공감과 정서

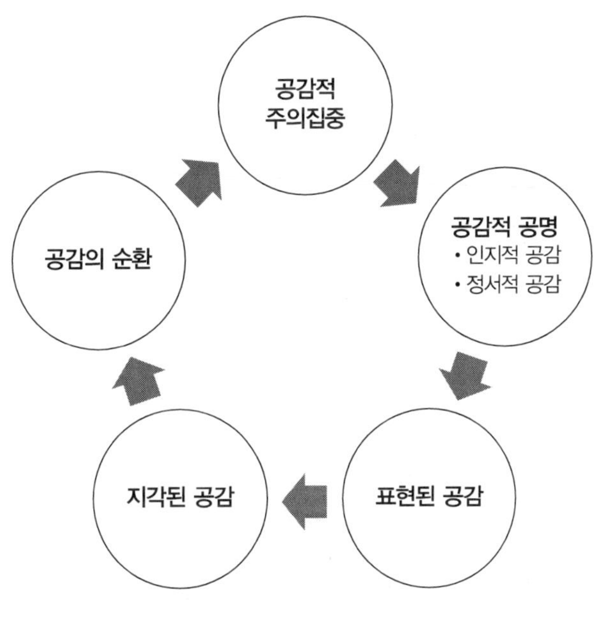


[그림 1-2] 공감의 모형

적 공감을 통해 이해된 내용을 상대방에게 효과적으로 표현하는 과정이다. 이 과정은 자신의 공감을 상대방에게 정확하게 전달하기 위해 매우 중요하다.

네 번째 단계는 '지각된 공감'이다. 이 단계에서는 상대방의 마음에서 일어나는 공감 반응 정도에 대한 인식을 한다. 이때 서로 피드백을 주면서 새롭게 자신을 표현하기도 한다.

마지막 단계는 '공감의 순환'이다. 우리가 계속적으로 공감을 통한 소통을 하면, 새로운 내용이 더해진 확장된 형태의 공감 순환 과정을 계속 이어 갈 수 있다. 이 과정을 통해 공감으로 하는 소통이 일어나게 된다.

다섯 단계를 통해서 다른 사람과 관계를 하다 보면 깊이 있는 관계로 발전을 할 수가 있고, 어려움과 역경이 와도 극복할 수 있는 힘을 얻을 수 있다. 그러므로 우리는 이제 공감으로 하는 소통을 하기 위해서 이해, 공명, 표현의 과정을 체험하고 경험할 것이다.

## 〈활동지 1-1〉 공감과 소통의 시작

### 자기소개

소통의 시작은 나를 알리고 타인을 아는 것이다. 나는 어떤 사람인가? 다른 사람들은 어떤 사람일까? 나를 소개해 보자.

나는 어떤 사람인지 빈칸을 채워 가며 적어 보세요.

1. 나는 (                    )학과 (                    )입니다.
2. 나는 (                    )에서 자랐습니다.
3. 나의 취미는 (                    )입니다.
4. 어릴 적 내 별명은 (                    )이었습니다.
5. 나의 꿈은 (                    )입니다.
6. 내가 하고 싶은 이야기

## 〈활동지 1-2〉 공감과 소통의 시작

### 인터뷰 게임

우리는 관계를 하면서 서로에 대해 얼마나 알고 있을까? 서로에 대해 알고 있는 정도는 상대방에 대한 관심의 정도다. 서로에 대해 관심을 가지고 이해하는 것이 관계의 시작이다.

서로에게 질문을 하며 인터뷰를 해 보세요. 그리고 서로가 답한 것들을 적어 보세요. 인터뷰가 끝나면 역할을 바꾸어서 인터뷰를 해 보세요. 그리고 인터뷰를 한 내용을 토대로 서로를 다른 사람에게 소개해 보세요.

1. 이름이 무엇입니까?

2. 이름에 담긴 뜻은 어떻게 됩니까?

3. 사는 곳은 어디입니까?

4. 그곳의 좋은 점이 있다면 무엇입니까?

5. 지금까지 이룬 성취 중 가장 기억에 남는 성취가 있다면 무엇입니까?

6. 앞으로 꿈이 있다면 한 가지만 말해 주세요.

## 〈활동지 1-3〉 공감과 소통 이해하기

이 장에서는 공감과 소통에 대해 이해할 수 있었다. 공감은 공명반응을 일으키면 서로 신뢰감 있는 소통을 하며 관계를 하게 한다. 그럼 마무리를 하면서 공감과 소통에 대해 정리해 보는 시간을 가져보자.

'공감으로 하는 소통'이라는 주제를 바탕으로 마인드맵(mind map)을 해 보세요. 어떤 소주제들이 있을까요? 그리고 더 자세히 보충하기 위해 가지를 뻗어 더 생각해 보세요.

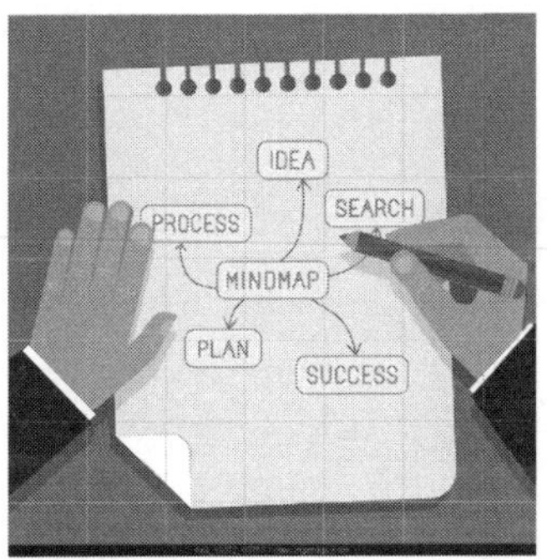

이 장에서 알게 된 부분, 또는 정리를 하면서 느낀 점 등을 자유롭게 작성해 보세요.

학과: 학번: 이름:

제2장

# 공감을 위한 자기이해

다른 사람과 공감을 하기 위해서는 먼저 나를 이해하는 것이 필요하다. 자아개념과 자아정체성을 통해 나를 이해할 수 있다.

## 들어가면서

### 공통점과 차이점 찾기

우리는 다른 사람과의 관계 속에서 비슷한 점을 찾아서 친밀감을 느끼고 그 속에서 그들과 다른 나만의 독특한 개성을 찾아갈 수 있다. 내가 속한 곳에서 다른 사람들과의 공통점, 차이점을 찾아 정리해 보자.

다른 사람과 일치한다고 생각되는 내용들을 적어 보세요(너무 일반적이거나 상식적인 내용은 제외합니다).

다른 사람과 다르다고 생각되는 내용들을 적어 보세요(너무 일반적이거나 상식적인 내용은 제외합니다).

# 1. 자기에 대한 이해

## 1) 자아개념

자아개념은 자신에 대한 개념, 감정, 태도 그리고 가치라고 볼 수 있고, 자신의 행동과 적응에 중요한 영향을 미친다. 이러한 자아개념은 중요한 타인과의 상호작용을 통해 발달하고, 개인의 행동에 영향을 준다.

자아개념은 긍정적인 측면과 부정적인 측면으로 나눌 수 있다. 긍정적인 측면은 적응으로 볼 수 있고, 부정적인 측면은 불안으로 볼 수 있다. 만일 한 개인이 긍정적 측면의 자아개념을 갖고 있으면, 자기 자신을 쓸모 있고 유능하며 가치 있다고 생각하여 자신의 생활과 대인관계에서 잘 적응해 나가며 자아실현을 위해 끊임없이 노력해 나갈 것이다. 반대로 부정적 측면의 자아개념을 갖고 있으면, 자기 자신을 쓸모없고 무가치하며 악하다고 생각하여 비현실적인 방법으로 행동하게 되는 경우가 생긴다.

## 2) 자아정체성

자아정체성은 자신을 다른 사람과 구별되는 독립적이고 고유한 존재라고 인식하고자 하는 욕구와 외적인 자극, 환경, 감정적 변화에도 불구하고 일관되게 자신을 인식하여 안정적인 느낌을 갖는 것을 말한다.

에릭슨(Erik Erikson)에 의하면 자아정체성의 형성은 전 일생을 통해 계속적으로 진행되는 과업이다. 그는 인간의 발달 단계를 8단계로 나누어 설명하면서 청년기의 주요한 발달 과업으로 '정체감 성취 대 정체감 혼돈'을 들었다.

자아정체성의 성취가 청년기의 중요한 과업이지만, 자아정체성의 발달이 청년기에 시작되는 것도 완성되는 것도 아니다. 자아정체성의 발달은 유아기의 애착 출현, 자아감 발달, 독립심 출현과 더불어 시작되며, 노년기 인생의 회고와 통합으로 마지막 단계에 이른다. 청년기가 자아정체성 형성에서 중요한 이유는 미성숙한 아동기에서 벗어나 성인으로서 성숙에 이르는 길로 성장하기 위해 의존적 정체성에서 벗어나 신체적 · 인지적 · 사회적 발달이 통합적으로 이루어지기 때문이다.

자아정체성이 긍정적으로 형성된다면 육체적 편안함, 중요한 사람으로부터 인정받을 것이라는 내적인 확신감 등을 가질 수 있다. 그러나 부정적 자아정체성이 형성되면 정체성 혼돈에 머물러 약물 탐닉, 습관적 음주 등과 같은 문제 행동에 이르는 경우가 생긴다.

나를 이해하며 다른 사람과 관계하는 것은 매우 중요하다. 여기에서 바람직한 자아개념은 자아 현실을 획득하고 훌륭한 인간관계를 증진할 수 있다. 그러므로 우리는 자아를 발견하고 자아가 확립될 수 있도록 노력하는 것이 필요하다.

## 한 걸음 더

### 에릭슨의 발달 단계

심리사회적 발달 이론(psychosocial development theory)을 수립한 에릭슨(Erikson)은 인간에게 여덟 개의 발달 단계가 있다고 주장하였다. 이때 발달 단계에 따라 발달 과업이 정해져 있고, 이를 해결하여 그 핵심적 가치를 달성했는지의 여부에 따라 발달 정도를 판단할 수 있다. 각 단계의 과업을 성공적으로 완수하면 정상적으로 발달할 수 있지만, 어느 단계에서 실패하면 그 단계와 관련한 심리적 불편감을 갖고 살아가게 된다.

에릭슨의 이론은 넓은 사회적 경험들, 가족 외의 사람들과 맺는 인간관계의 경험들도 자아의 발달에 중요한 영향을 미친다고 하였다.

| 단계 | 심리사회적 위기 | 내용 |
|---|---|---|
| 1단계 (신생아기) | 신뢰감 대 불신감 | 성취해야 할 긍정적인 과업은 신뢰감이지만, 부모의 일관되지 못한 양육 방식이 있다면 불신감을 갖게 됨 |
| 2단계 (유아기) | 자율성 대 수치심 | 성취해야 할 긍정적인 과업은 자율성이지만, 부모가 과잉보호나 무관심의 반응을 보이면 수치심을 갖게 됨 |
| 3단계 (유치원기) | 자기주도성 대 죄책감 | 성취해야 할 긍정적인 과업은 자기주도성이지만, 부모가 아동의 욕구에 과도하게 벌을 주는 경우 죄책감을 갖게 됨 |
| 4단계 (초등학생기) | 근면성 대 열등감 | 성취해야 할 긍정적인 과업은 근면성이지만, 주변인과 비교를 하면 열등감을 갖게 됨 |
| 5단계 (사춘기) | 자아정체감 대 역할혼미 | 성취해야 할 긍정적인 과업은 자아정체감이지만, 정체감 형성에 실패하게 되면 역할혼미에 빠지게 됨 |
| 6단계 (청년기) | 친밀감 대 고립감 | 성취해야 할 긍정적인 과업은 친밀감이지만, 자아도취에 빠지거나 자신이 쓸모없다는 생각을 하게 되면 고립감을 갖게 됨 |
| 7단계 (중년기) | 생산성 대 침체성 | 성취해야 할 긍정적인 과업은 생산성이지만, 황폐화된 인간관계로 허무함과 절망을 경험하면 침체성을 갖게 됨 |
| 8단계 (노년기) | 자아통합 대 절망감 | 성취해야 할 긍정적인 과업은 자아통합이지만, 죽음에 대해 두렵고 후회가 들면 절망감에 빠지게 됨 |

대학생들의 발달 단계는 성인 초기로, 이 시기에는 부모로부터 독립하고 책임감 있는 성인으로 접어들기 시작한다. 성인 초기에는 친밀감을 형성할 수 있는 관계를 가져야 하고, 그렇지 못할 경우 고립의 상태에 빠지게 된다. 이 시기에 친밀감을 잘 형성하기 위해서는 공감으로 하는 소통을 통해 관계를 형성하는 것이 중요하다.

## 2. 나는 누구인가

우리는 때때로 자신의 행동이 이해되지 않을 때가 있다. 사실 우리는 나에 대해 많은 부분을 모르고 살아가기도 한다. 나에 대해 이해를 하지 못하면 주도적인 삶을 살지 못하게 되고, 더 나아가 진정한 행복, 삶의 가치를 찾기 어려울 것이다.

"나는 어떤 사람인가?" "나는 누구인가?"라는 물음에 대하여 가지고 있는 생각, 믿음 및 태도 등을 자아개념(self-concept)이라고 한다. 이러한 자아개념은 나의 행동을 결정하고 그 결과에 대해 책임을 지도록 한다. 또한 자아개념은 어려움이 처해도 회피하지 않고 현명하게 해결할 수 있게 해 준다.

자아개념은 다른 사람이 나에게 어떻게 반응하는 지에 대해 이해하는 것으로 다른 사람들에게 내가 반응하는 과정을 통해 인식된다. 즉, 개인의 자아는 나에 대한 다른 사람의 반응을 자신이 어떻게 인지하느냐에 따라서 형성된다. 이렇게 형성된 자아는 나의 행동에 절대적인 영향을 미치며, 사회성의 기초가 되고, 이는 곧 공감 능력의 바탕이 된다.

자아개념은 자아정체성의 토대가 되기도 한다. 자아정체성은 행동이나 사고, 느낌의 변화에도 불구하고 내가 누구인가를 일관되게 인식하는 자기 자신의 독특성으로 다른 사람과 지속적으로 공유하는 것이다. 자아정체성으로 자신의 주체성을 잃지 않으며 다른 사람의 감정을 그대로 느끼는 것을 공감이라고 한다.

나를 아는 것은 내가 어떤 사람이고, 어떤 감정을 느끼고 있는지 다른 사람에게 잘 표현하게 해 주어 다른 사람과 공감하는 관계를 가질 수 있게 해 준다. 이런 과정 속에서 원활하고 확장된 소통이 이루어진다. 이렇듯 우리가 다른 사람과 관계를 하며 공감으로 소통을 하려면 우선 자아개념, 자아정체성에 대해서 이해해야 한다.

## 〈활동지 2-1〉 나의 이미지는?

자아개념을 아는 것은 매우 중요하다. 우리는 각자 자신에 대해 어떻게 생각하고 있을까? 나를 생각하면 떠오르는 이미지는 어떨까?

내가 생각하는 나의 모습을 그려 보세요. 나는 어떻게 표현될 수 있을까요? (도형, 기호, 색, 이모티콘 등 다양하게 표현할 수 있다.)

왜 그런 이미지를 그렸을까요?

## 〈활동지 2-2〉 조하리의 창

조하리(Johari)의 창(마음의 창문)은 두 가지로 구분되는데 이를 통해 자아인지 정도를 알 수 있다. 가로 부분은 본인이 알고 있는 자아영역과 본인이 모르고 있는 자아영역으로 구성된다. 세로 부분은 다른 사람에게 알려진 자아영역과 다른 사람에게 알려지지 않은 자아영역으로 구성된다.

● **조하리의 창(마음의 창문)**

| 본인 / 다른 사람 | 알고 있다 | 모른다 |
|---|---|---|
| 알고 있다 | I. 공개영역<br>(열린 창) | III. 장님영역<br>(어두운 창) |
| 모른다 | II. 은폐영역<br>(숨겨진 창) | IV. 미지영역<br>(닫힌 창) |

● **마음의 창문 예시**

| | 1 | 2 | 3 | 4 | 5 | 6 | 7 | 8 | 9 | 10 |
|---|---|---|---|---|---|---|---|---|---|---|
| 1 | 공개영역 | | | | | 장님영역 | | | | |
| 2 | | | | | | | | | | |
| 3 | | | | | | | | | | |
| 4 | | | | | | | | | | |
| 5 | | | | | | | | | | |
| 6 | 은폐영역 | | | | | 미지영역 | | | | |
| 7 | | | | | | | | | | |
| 8 | | | | | | | | | | |
| 9 | | | | | | | | | | |
| 10 | | | | | | | | | | |

## 내 마음의 창문

| | 1 | 2 | 3 | 4 | 5 | 6 | 7 | 8 | 9 | 10 |
|---|---|---|---|---|---|---|---|---|---|---|
| 1 | | | | | | | | | | |
| 2 | | | | | | | | | | |
| 3 | | | | | | | | | | |
| 4 | | | | | | | | | | |
| 5 | | | | | | | | | | |
| 6 | | | | | | | | | | |
| 7 | | | | | | | | | | |
| 8 | | | | | | | | | | |
| 9 | | | | | | | | | | |
| 10 | | | | | | | | | | |

1. 나에게 많이 열려 있는 영역은 무엇인가요?

2. 자신이 개발하고 싶은 영역은 무엇인가요?

3. 그 이유는 무엇인가요?

## 〈활동지 2-3〉 DISC 성격검사

1. 아래에 있는 단어 중 자신에게 해당되는 단어를 모두 찾아 동그라미 하세요.

| | | | |
|---|---|---|---|
| 솔직하다<br>힘차다<br>자기중심적이다<br>공격적이다<br>직접적이다<br>거칠다<br>용감하다<br>경쟁적이다<br>위험을 감수한다<br>논쟁을 즐긴다<br>대담하다<br>주도적이다<br>독립적이다<br>즉시 한다<br>굳건하다<br>주장이 강하다 | 쾌활하다<br>생동감 있다<br>감정적이다<br>활기가 넘친다<br>사람 중심이다<br>충동적이다<br>표현한다<br>말이 많다(수다스럽다)<br>재미있(는 것을 좋아한)다<br>즉흥적이다<br>낙관적이다<br>열정적이다<br>사교적이다<br>호감을 준다<br>자신 있다 | 충직하다<br>겸손하다<br>고분고분하다<br>너그럽다<br>유쾌하다<br>친절하다<br>상냥하다<br>협조적이다<br>신사적이다<br>인내한다<br>견고하다(변함없다)<br>평화주의자다<br>좋은 경청자다<br>동의한다<br>양보한다<br>우유부단하다 | 배려한다<br>심각하다<br>재치 있다<br>일관성이 있다<br>정확하다<br>완벽주의자다<br>조심성이 있다<br>엄밀하다<br>사실에 입각한다<br>논리적이다<br>조직적이다<br>의식적이다<br>기준이 높다<br>예의 바르다<br>분석적이다<br>요령이 없다 |
| (　　　) 개 | (　　　) 개 | (　　　) 개 | (　　　) 개 |
| D | I | S | C |

2. DISC의 각 유형별로 설명을 하면 다음과 같습니다.

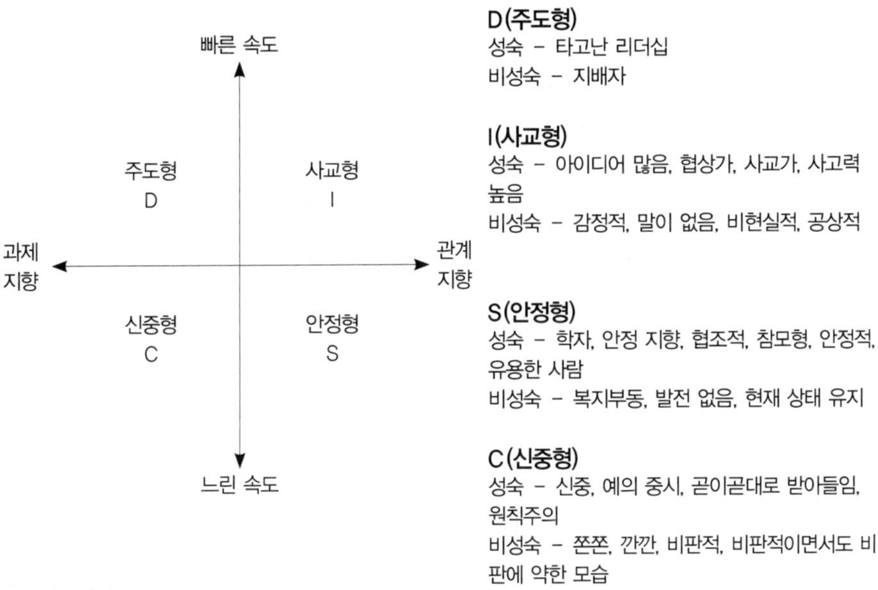


**D(주도형)**
성숙 - 타고난 리더십
비성숙 - 지배자

**I(사교형)**
성숙 - 아이디어 많음, 협상가, 사교가, 사고력 높음
비성숙 - 감정적, 말이 없음, 비현실적, 공상적

**S(안정형)**
성숙 - 학자, 안정 지향, 협조적, 참모형, 안정적, 유용한 사람
비성숙 - 복지부동, 발전 없음, 현재 상태 유지

**C(신중형)**
성숙 - 신중, 예의 중시, 곧이곧대로 받아들임, 원칙주의
비성숙 - 쪼쪼, 깐깐, 비판적, 비판적이면서도 비판에 약한 모습

3. 행동 유형의 강점을 비교해 봅니다.

| | 최고 ← | | | → 최소 |
|---|---|---|---|---|
| 협력성 | S | I | C | D |
| 자아개념 | D | I | C | S |
| 낙천성 | I | S | D | C |
| 정확성 | C | S | D | I |

4. 행동 유형의 두려움을 비교해 봅니다.

| | 최고 ← | | | → 최소 |
|---|---|---|---|---|
| 안정성 상실 | S | I | C | D |
| 수행 능력 비판 | D | I | C | S |
| 낙천성 | I | S | D | C |
| 사회적 거부 | C | S | D | I |

## 5. 유형별 양립성을 분석해 봅니다.

R=대인관계, T=수행 능력

| 행동 유형 | 좋은 | | | 보통 | | | | 미흡 | | |
|---|---|---|---|---|---|---|---|---|---|---|
| | 10 | 9 | 8 | 7 | 6 | 5 | 4 | 3 | 2 | 1 |
| D-D | | R | | | | | T | | | |
| D-I | | R | | | | | T | | | |
| D-S | T | | | | | R | | | | |
| D-C | | | | | | | T | | R | |
| I-I | R | | | | | | | | | T |
| I-S | | T | | | | R | | | | |
| I-C | | | | T | | | R | | | |
| S-S | R | | T | | | | | | | |
| S-C | | R | T | | | | | | | |
| C-C | | R | T | | | | | | | |

## 6. 성공적인 인생을 위한 Action Plan을 작성해 봅니다.

| | 제거해야 할 요소 | 감소해야 할 요소 | 증가해야 할 요소 | 창조해야 할 요소 |
|---|---|---|---|---|
| D 유형 | | | | |
| I 유형 | | | | |
| S 유형 | | | | |
| C 유형 | | | | |

## 〈활동지 2-4〉 나의 인생 그래프

나의 인생 그래프를 통해 과거를 뒤돌아보며 그때 내가 가졌던 가치관에 대해 생각해 볼 수 있다. 또한 앞으로 다가올 미래에 대해 예측하고 준비를 할 수 있다.

자신의 탄생-현재-죽음까지의 일이나 사건을 0점 기준선 위에는 긍정적이었다고 생각되는 것, 0점 기준선 아래에는 부정적이었다고 생각되는 것을 표시하고 연결하여 완성해 보세요.

| 100 | | | | | | |
|---|---|---|---|---|---|---|
| 50 | | | | | | |
| 0 | | | | | | |
| -50 | | | | | | |
| -100 | | | | | | |
| 학령기 전 | 초등학교 | 중학교 | 고등학교 | 20대 | 30대 | 40대 이후 |

이 장에서 알게 된 부분, 또는 정리를 하면서 느낀 점 등을 자유롭게 작성해 보세요.

학과: 학번: 이름:

제3장

# 다양한 시각과 확장된 사고

다른 사람을 이해하고 관계를 맺기 위해서는
다양한 시각과 확장된 사고가 필요하다. 내가 가지고 있는
비합리적인 사고를 이해하여 사고의 전환을 할 수 있고
세상을 바라보는 시각을 확장시킬 수 있다.

## 들어가면서

열린 사고를 갖기 위한 방법에는 다음과 같은 방법들이 있다.

- 명상하기
- 산책하기
- 독서하기
- 영화 보기
- 숲 체험하기
- 동호회 활동하기
- 아르바이트 하기

열린 사고를 갖기 위한 나만의 방법은 무엇인가요?

사람은 자신이 경험해 온 것을 토대로 생각을 하기 때문에, 자신의 생각에만 국한되어 있어 다른 사람의 생각이나 의견을 받아들이기가 어렵다. 다른 사람을 이해하기 어려워 많은 갈등이 발생하고, 그 갈등에 대한 해결책을 찾을 수도 없다. 그 결과 다른 사람과 관계가 소원해지며, 관계가 단절되고 고립되기도 한다. 그러므로 다른 사람들을 이해하고 관계하기 위해서는 열린 사고가 필요하다. 열린 사고는 세상을 바라보는 다양한 시각으로 경험을 통해 확장시킬 수 있다. 이솝 우화 〈여우와 두루미〉에서 여우와 두루미가 호리병과 접시로 다투는 데서 알 수 있듯이 편협한 나의 생각 외에 다른 입장이 있을 수 있다는 것을 알아야 서로 이해하게 된다.

우리가 열린 사고를 하는 데 어려움을 겪는 것 중 하나는 합리적인 사고를 하지 않아서다. 우리 안에도 크고 작은 합리적이지 않은 사고가 존재하고 있다. 합리적이지 않는 사고란 경험적으로 타당화할 수 없고 비현실적이거나 경직되어 융통성이 없는 사고방식을 말하는데, 이는 다른 사람과 관계하여 이해하고 공감하는 데 어려움을 겪게 한다. 그러므로 우리는 자신이 가지고 있는 비합리적 사고를 알아 볼 필요가 있다.

## 1. 비합리적 사고

사람들은 각자 다른 여러 가지 경험을 가지고 있다. 이러한 경험들이 모여 그 사람의 생각과 가치관을 만들어 다른 경험을 가진 사람의 생각을 이해하기 어렵게 한다. 즉, 서로 다른 경험을 갖고 대화의 의미를 받아들이기 때문에 공감하고 소통하는 데 방해가 된다.

### 1) 편견

편견은 잠재적으로 비교 대상이 있으며 이 대상을 통해 치우친 사고를 하는 것을 말한다. 편견의 예를 들어 보면 다음과 같다.

- 유명한 브랜드 커피가 일반 커피숍 커피보다 맛있다고 생각한다.
- 사투리를 쓰면 촌스럽다.
- 돈이 많으면 행복할 것이다.
- 흑인이 들고 있는 물건들을 총이라고 생각한다.

### 2) 고정관념

고정관념은 어떤 사람이나 사회 구성원의 마음속에 굳게 자리 잡고 있어서 늘 머리에서 떠나지 않고 어떠한 상황의 변화에도 흔들리지 않는 생각의 틀을 말한다. 다음의 사례는 고정관념을 보여 준다.

아버지와 아들이 자동차를 타고 축구장에 가고 있었다. 차가 기찻길의 건널목을 반쯤 건너고 있었는데 시동이 꺼져 버렸다. 멀리서 기차가 달려오는 소리에 아버지는 필사적으로 시동을 걸려고 했다. 그러나 시동은 걸리지 않았고 자동차는 기차와 충돌해 버렸다. 아버지는 사망했고, 아들은 살아서 인근 병원으로 실려 갔다. 아들은 뇌수술을 받아야 했다. 수술실에 들어선 외과 의사가 얼굴이 하얗게 질리더니 이렇게 말했다. “난 이 아이를 수술할 수 없습니다. 이 아이는 내 아들입니다.” 소년과 외과 의사는 어떤 관계일까요?

### 3) 일반화

일반화는 부분을 전체로 착각하여 현상의 단면만 보고 전체를 짐작하여 판단하는 것을 말한다. 일반화의 예는 다음과 같다.

- 남자들은 모두 군대 가기를 싫어한다.

• 유태인은 똑똑하다.

### 4) 패러다임

패러다임은 사물을 보는 방식, 관점, 인식의 틀, 신념을 말한다. 다음의 그림은 패러다임을 보여 준다.

그림 속에 누가 보이나요?

편견, 고정관념, 일반화, 패러다임과 같은 비합리적 사고는 모든 사람들이 가지고 있다. 이 비합리적 사고에 따라 우리의 행동이 달라진다. 또 이러한 비합리적 사고는 자연스러운 관계를 막는다. 미국 경찰의 흑인 과잉 진압의 사례에서 보면 '흑인이 옷 속에서 꺼내는 물건은 권총일 것이다.'라는 비합리적 사고에 의해 참담한 비극이 일어난다. 따라서 이와 같은 비합리적 사고를 전환하는 것이 필요하며, 사고의 전환이 잘 이루어질 때 관계에서 원활한 소통을 할 수 있을 것이다.

한 걸음 더

**게슈탈트**

게슈탈트(Gestalt)란 사람이 시각적 대상의 부분적 속성들보다는 이들을 체계화된 전체로서 지각하는 것을 말한다. 사람은 어떤 대상을 지각할 때 그 대상의 부분을 인식하는 것보다 빠르게 그 전체적 특성을 먼저 지각한다. 이는 사람이 가장 적합하고 단순하며 안정된 구조로 대상이나 사건을 파악하려는 경향이 있기 때문이다.

사람의 행동을 이해할 때 외부에서 보는 것이 아니라 행동하는 본인의 입장에서 이해하는 것으로, 이러한 시지각에 대한 기반은 게슈탈트 이론을 바탕으로 하고 있다. 즉, 형태는 부분이 아니라 전체적인 체계화를 통해 지각된다는 것으로 이것이 게슈탈트 이론의 핵심이다.

우리는 어떤 관점으로 사람과 사물을 지각하는가? 사람은 아는 만큼 보고 아는 만큼 느낀다. 개인의 교육, 경험, 문화 등의 정도에 따라 시각적으로 보이는 것을 받아들이는 정도가 다르다는 것을 알고 공감과 소통을 하는 것은 매우 중요할 것이다.

## 2. 합리적 사고로 전환하기

한 걸음 더

**사고 전환이 만든 새로운 삶**

**젊은이:** 그냥 그렇게 앉아 계시느니 미술실에 가서 그림이나 그리시지요?

그러자 노인은 조금 당황해서 이렇게 물었다.

**노 인:** 내가 그림을? 나는 붓 잡을 줄도 모르는데…….

**젊은이:** 그야 배우면 되지요.

**노 인:** 그러기엔 너무 늦었어. 나는 이미 일흔이 넘었는걸.

**젊은이:** 제가 보기에 할아버지의 연세가 문제가 아니라, 할 수 없다고 생각하는 할아버지의 마음이 더 문제 같은데요.

젊은이의 그런 핀잔은 곧 그 노인으로 하여금 미술실을 찾게 했다.

그림을 그리는 일은 생각했던 것만큼 어렵지도 않았으며 더욱이 그 연세에 가질 수 있는 풍부한 경험으로 인해 그는 성숙한 그림을 그릴 수 있었다. 붓을 잡은 손은 떨렸지만 그는 매일 거르지 않고 그림을 그릴 수 있었다.

이 새로운 일은 그의 마지막 인생을 더욱 풍요롭게 장식해 주었다. 그가 바로 평론가들이 '미국의 샤갈'이라고 극찬했던 해리 리버만이다.

그는 이후 많은 사람의 격려 속에서 죽을 때까지 수많은 그림을 남겼으며 백 한 살, 스물두 번째 전시회를 마지막으로 삶을 마쳤다.

**해리 리버만(Harry Lieberman, 1880~1983)**

- 폴란드 태생
- 26세 때 미국으로 건너감
- 29세부터 현금 출납원으로 일하기 시작
- 맨해튼에서 과자 가게를 운영하고 제조업을 꾸려 가며 자수성가
- 77세 때 은퇴해 노인클럽(golden age club)에서 무료한 시간을 보냄
- 81세에 그림을 그리기 시작하여 화가가 됨

### 1) 합리적 사고와 비합리적 사고

우리가 하는 사고는 우리의 정서와 행동을 유도한다. 합리적 사고는 적절한 정서와 적응적인 행동을 초래하고, 비합리적 사고는 부적절한 정서와 부적응적인 행동을 초래한다. 합리적 사고와 비합리적 사고의 차이는 〈표 3-1〉과 같다.

**〈표 3-1〉 합리적 사고와 비합리적 사고의 차이**

| 특 성 | 합리적 사고 | 비합리적 사고 |
|---|---|---|
| 논리성 | 논리적으로 모순이 없다. | 논리적으로 모순이 많다. |
| 현실성 | 경험적 현실과 일치한다. | 경험적 현실과 일치하지 않는다. |
| 실용성 | 삶의 목적 달성에 도움이 된다. | 삶의 목적 달성에 방해가 된다. |
| 융통성 | 경직되어 있지 않고 융통성이 있다. | 절대적이고 극단적이며 경직되어 있다. |
| 파급효과 | 적절한 정서와 적응적 행동에 영향을 준다. | 부적절한 정서와 부적응적 행동을 유도한다. |

비합리적 사고는 여러 번의 경험을 통하여 점점 확고한 신념으로 변하기도 한다. 비합리적 신념은 경험적으로 타당화할 수 없고, 비현실적이거나 경직되어 융통성 없는 사고방식으로 우리가 살아가면서 하게 되는 선택이나 결정의 순간에 강한 영향을 미칠 수 있다. 우리가 흔히 가지고 있는 비합리적 신념은 다음과 같다.

- 나는 중요한 사람들 모두에게 항상 사랑받고 인정받아야 한다.
- 나는 모든 면에서 반드시 유능하고 성공해야 한다.
- 어떤 사람이 나쁜 행동을 했다면 반드시 처벌을 받아야 한다.
- 일이 내가 바라는 대로 되지 않는다면 끔찍한 파멸을 경험할 것이다.
- 불행은 외부 환경 때문이고, 사람의 힘으로는 막을 수 없다.
- 위험하거나 두려우면 그것에 대해 계속 걱정하고 생각해야만 한다.
- 어떤 난관이나 책임을 직면하는 것보다는 회피하는 것이 더 쉬운 일이다.

- 우리는 다른 사람에게 의존할 필요가 있으므로 더 강하고 기댈 수 있는 사람이 있어야 한다.
- 우리의 현재 행동과 운명은 과거의 경험이나 사건에 의하여 결정되며 과거의 영향에서 벗어날 수 없다.
- 주위 사람에게 어려움과 혼란스러움이 닥쳤을 경우, 우리 자신도 당황할 수밖에 없다.
- 모든 문제에는 가장 적절하고 완벽한 해결책이 반드시 있기 마련이며, 그것을 찾지 못하면 그 결과는 비참해진다.

## 한 걸음 더

### REBT 이론

인간의 신념이 정서와 행동에 크게 영향을 미친다는 점을 강조한 접근이 엘리스(Albert Ellis)에 의해 창시된 합리적 정서행동치료(Rational Emotive Behavior Therapy: REBT) 이론이다. 이 이론에서는 어떤 사실에 접하여 우리가 경험하게 되는 정서는 그 사실 자체에 의해서라기보다 그 사실에 대하여 우리가 어떻게 생각하느냐에 따라 달라진다고 본다. 엘리스가 제안한 이 치료법은 합리적 정서적 치료(Rational Emotive Therapy: RET)라 불린다. 이 RET에 의하면 인간이 겪는 대부분의 정서 문제는 비합리적인 생각에서 비롯되는 것이므로, 내담자의 정서적 혼란과 관계되는 비합리적인 생각을 논박해서 합리적인 생각으로 바꿈으로써 현실적이고 효과적이며 융통성 있는 인생관을 가질 수 있다고 한다.

엘리스는 REBT 이론을 정립해 감에 따라 처음에는 합리적 치료(Rational Therapy, 1955)라고 명명한 후에 합리적 정서적 치료(RET, 1962)로 개칭하였고, 그 후에는 정서 못지않게 행동을 중시하여 이를 다시 합리적 정서행동치료라는 뜻으로서 REBT로 개칭하였다.

## 2) 합리적 사고로 전환

합리적 사고로 전환하는 과정은 사람이 가지고 있는 비합리적 사고와 합리적 사고를 찾아서 비합리성을 확인하고 논박하여 합리적 사고로 바꾸고, 이를 토대로 적절한 정서와 행동을 할 수 있도록 하는 것이다. 성공적인 합리적 사고로 전환하기 위해서는 이러한 과정을 계속 연습하여 자신의 것으로 만드는 것이 중요하다.

이러한 과정을 엘리스가 ABCDE 모형으로 설명하였다. ABCDE 모형은 사람이 비합리적인 신념으로 인해서 부적응적인 정서와 행동에 고착되는 것을 잘 설명해 주고 있다. ABCDE 모형은 [그림 3-1]과 〈표 3-2〉에 제시되어 있다.

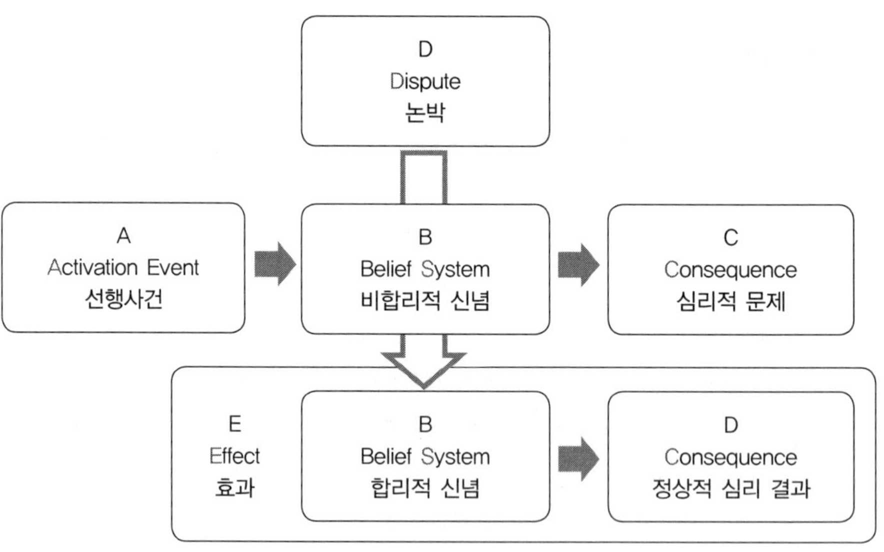


[그림 3-1] ABCDE 모형

〈표 3-2〉 ABCDE 모형

| | |
|---|---|
| A<br>(Activation Event: 선행 사건) | 사람의 정서적 혼란을 유발하는 어떤 사건이나 행위를 의미한다. |
| B<br>(Belief System: 신념 체계) | 어떤 사건이나 행위 등과 같은 환경적인 자극에 대해서 사람이 갖게 되는 신념 또는 사고방식을 가리킨다. 신념 체계에는 합리적인 신념과 비합리적인 신념이 있다. |
| C<br>(Consequence: 결과) | 선행 사건을 접했을 때, 비합리적인 태도와 사고방식을 가지고 그 사건을 해석함으로써 느끼게 되는 정서적 결과를 말한다. |
| D<br>(Dispute: 논박) | 자신이 가지고 있는 비합리적인 신념이나 사고에 대해서 도전해 보고, 과연 그 신념이 이치에 맞는 것인지를 다시 한 번 검토해 보도록 촉구하는 것을 말한다. |
| E<br>(Effect: 효과) | 사람이 가진 비합리적인 신념을 철저하게 논박함으로써 합리적인 신념으로 대치한 다음에 느끼게 되는 자기수용적인 태도와 긍정적인 감정의 결과를 말한다. |

ABCDE 모형을 살펴보면, 어떤 사건에 대하여 합리적인 신념을 가질 경우 합리적 결과가 생기게 되고 비합리적인 신념을 가질 경우 비합리적 결과가 생기게 된다. 여기서 비합리적인 신념을 논박함으로써 합리적인 신념으로 전환할 수 있는 결과를 가져오게 된다. 문제의 원인인 비합리적인 신념을 논박함으로써 합리적인 신념으로 전환시킬 수 있는데 이런 과정을 ABCDE 모형이라고 한다.

ABCDE 모형은 현실 가능한 도전으로 효율적인 선택과 대안을 제시하여 정서와 행동에 영향을 미치게 된다. 그러므로 합리적인 선택은 우리의 삶을 긍정적이고 주도적으로 변화시킬 수 있다.

## 〈활동지 3-1〉 나와 너의 패러다임 알아보기

우리는 다른 사람의 패러다임에 부딪힐 때 괴로움을 겪는다. 그렇기 때문에 다른 사람의 패러다임을 존중해 줄 필요성이 생긴다. 내가 아는 것을 몰라서 무시하는 것과 나와 생각이 달라서 그 사람에 대한 편견을 쌓는 것은 모두 패러다임이 너무 견고해서 생기는 문제다.

아래의 그림이 어떻게 보이나요? 서로의 패러다임을 이야기 나누며 확인해 보세요.

## 〈활동지 3-2〉 나의 비합리적 사고

다른 사람을 만날 때 비합리적 사고는 서로 이해하기 어렵게 만든다. 우리는 서로 다른 경험으로 인해 비합리적 사고를 가지게 된다. 내가 어떤 비합리적 사고를 가지고 있는지 생각해 볼 필요가 있다.

내가 가지고 있는 비합리적 사고는 무엇이 있는지 적어 보세요.

## 〈활동지 3-3〉 비합리적 생각에서 합리적인 생각으로

앞에서 살펴보았듯이 비합리적 신념에는 대표적으로 열한 가지가 있다. 이러한 비합리적 신념을 합리적인 신념으로 전환하는 것이 필요하다.

아래의 열한 가지 비합리적 신념을 합리적 신념으로 바꿔 적어 보세요.

1. 나는 중요한 사람들(가족, 친구, 선생님 등) 모두에게 항상 사랑받고 인정받아야 한다.

2. 나는 모든 면에서 반드시 유능하고 성공해야 한다.

3. 어떤 사람은 나쁜 행동을 했다면 반드시 처벌을 받아야 한다.

4. 일이 내가 바라는 대로 되지 않는 것은 끔찍한 파멸을 경험할 것이다.

5. 불행은 외부 환경 때문이고, 사람의 힘으로는 막을 수 없다.

6. 위험하거나 두려우면 그것에 대해 계속 걱정하고 생각해야만 한다.

7. 어떤 난관이나 책임을 직면하는 것보다는 회피하는 것이 더 쉬운 일이다.

8. 우리는 다른 사람에게 의존할 필요가 있으므로, 더 강하고 기댈 수 있는 사람이 있어야 한다.

9. 우리의 현재 행동과 운명은 과거의 경험이나 사건에 의하여 결정되며, 과거의 영향에서 벗어날 수 없다.

10. 주위 사람에게 어려움과 혼란스러움이 닥쳤을 경우, 우리 자신도 당황할 수밖에 없다.

11. 모든 문제에는 가장 적절하고도 완벽한 해결책이 반드시 있기 마련이며, 그것을 찾지 못하면 그 결과는 비참해진다.

## 〈활동지 3-4〉 선택에 따른 결과

비합리적 신념을 합리적 신념으로 전환한다면 긍정적인 감정을 가져올 수 있다. ABCDE 모형을 통해 다음 사례 ①과 사례 ②를 살펴보고 나의 비합리적 신념을 합리적 신념으로 전환해 보자.

- **사례 ①**

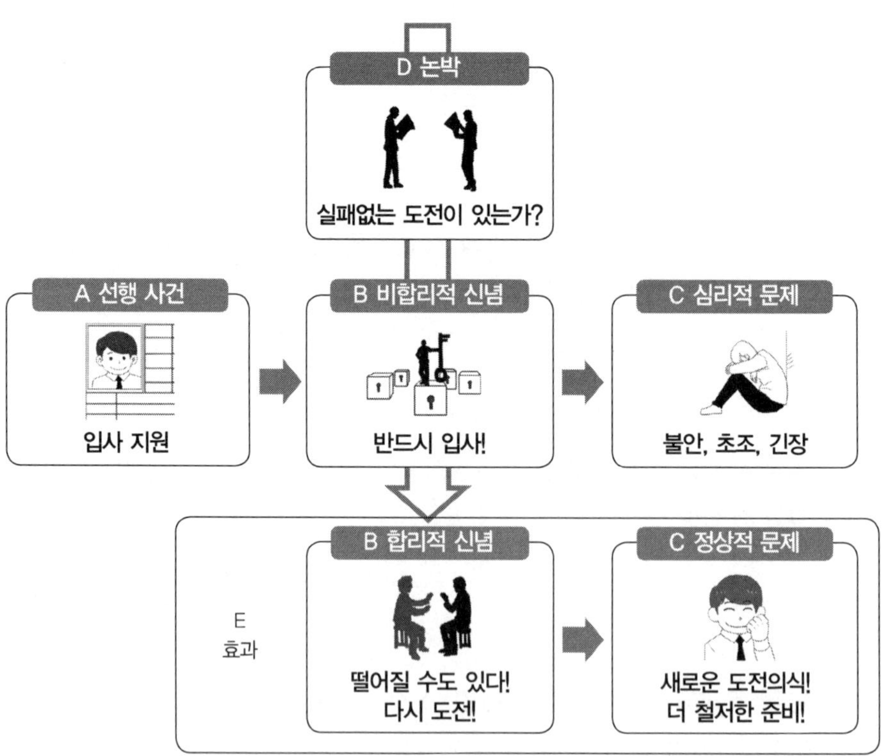

• **사례 ②**

**닉 부이치치(Nick Vujicic)**

삶의 희망 전도사로 세계를 돌며 강연하는 호주의 닉 부이치치는 1982년 호주 브리즈번에서 팔과 다리가 없이 아주 작은 왼쪽 발만 있는 상태로 태어났다.
선천성 해표지증(팔과 다리의 뼈가 없이 극단적으로 짧아 손발이 몸통에 붙어 있는 기형)으로 고난을 겪었다. 그는 "내가 태어났을 때 모든 간호사들이 울었고, 아버지는 나지막이 신음 소리를 내시고, 어머니는 나를 보고 싶지 않다며 데리고 나가 달라고 하셨다. 아버지는 '닉은 신의 실수로 태어난 것이 아니다.'라고 어머니께 말씀하셨고, 어머니는 나를 받아들이는 데 4개월이 걸렸다." 하고 털어놨다.

**살아 있는 것만으로도 희망인 사람!**
**"내겐 마음속 팔과 다리가 있다."고 외치는 행복한 사람!**

그는 강연과 서적 출판으로 벌어들인 수익금으로 신체 부자유자를 위한 '사지 없는 인생' 재단을 설립 · 운영하며 희망의 메시지를 전하고 있다.

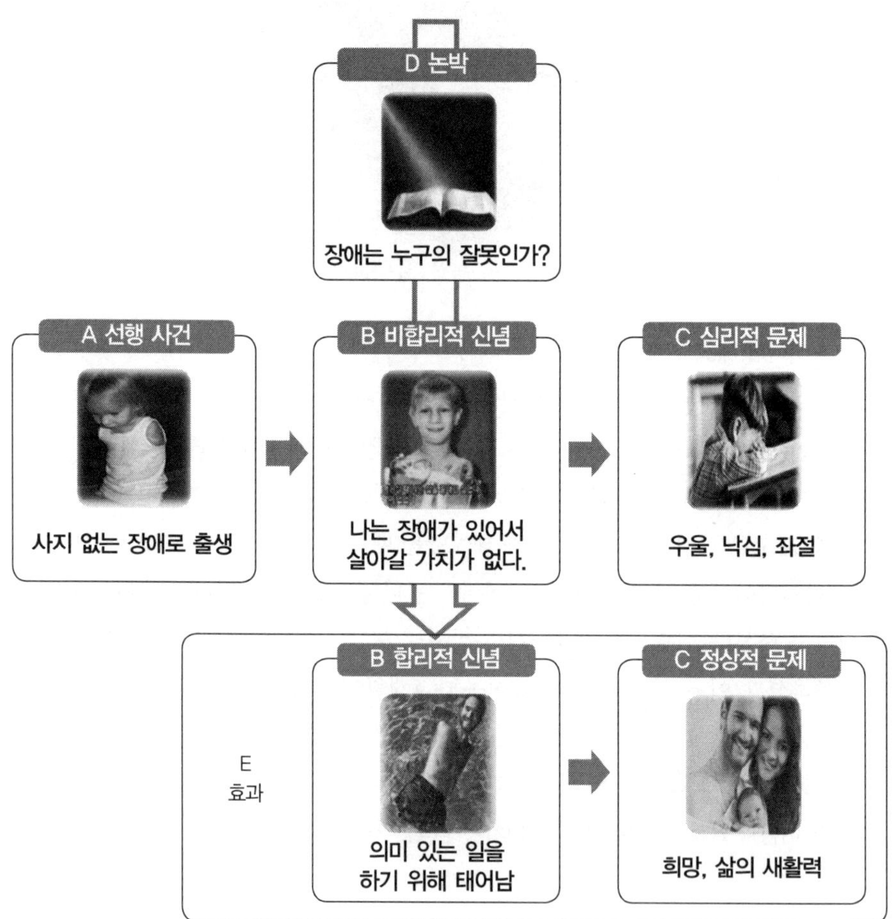
D 논박
장애는 누구의 잘못인가?
A 선행 사건
사지 없는 장애로 출생
B 비합리적 신념
나는 장애가 있어서
살아갈 가치가 없다.
C 심리적 문제
우울, 낙심, 좌절
E
효과
B 합리적 신념
의미 있는 일을
하기 위해 태어남
C 정상적 문제
희망, 삶의 새활력

아래 제시된 선행 사건을 보며 나의 ABCDE 모형을 적어 보세요.

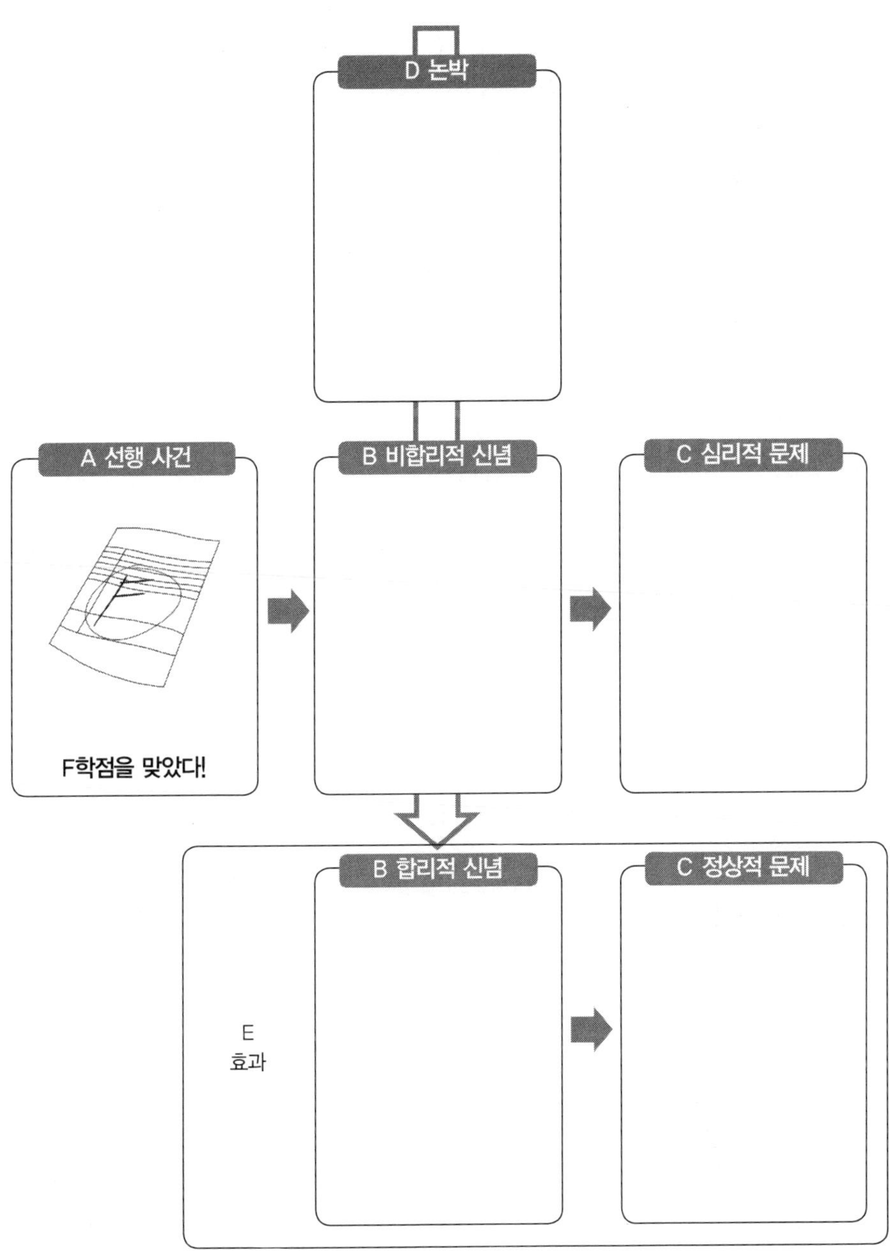

선행 사건에 최근에 경험한 일을 적고, 그에 대하여 ABCDE 모형를 적어 보세요.

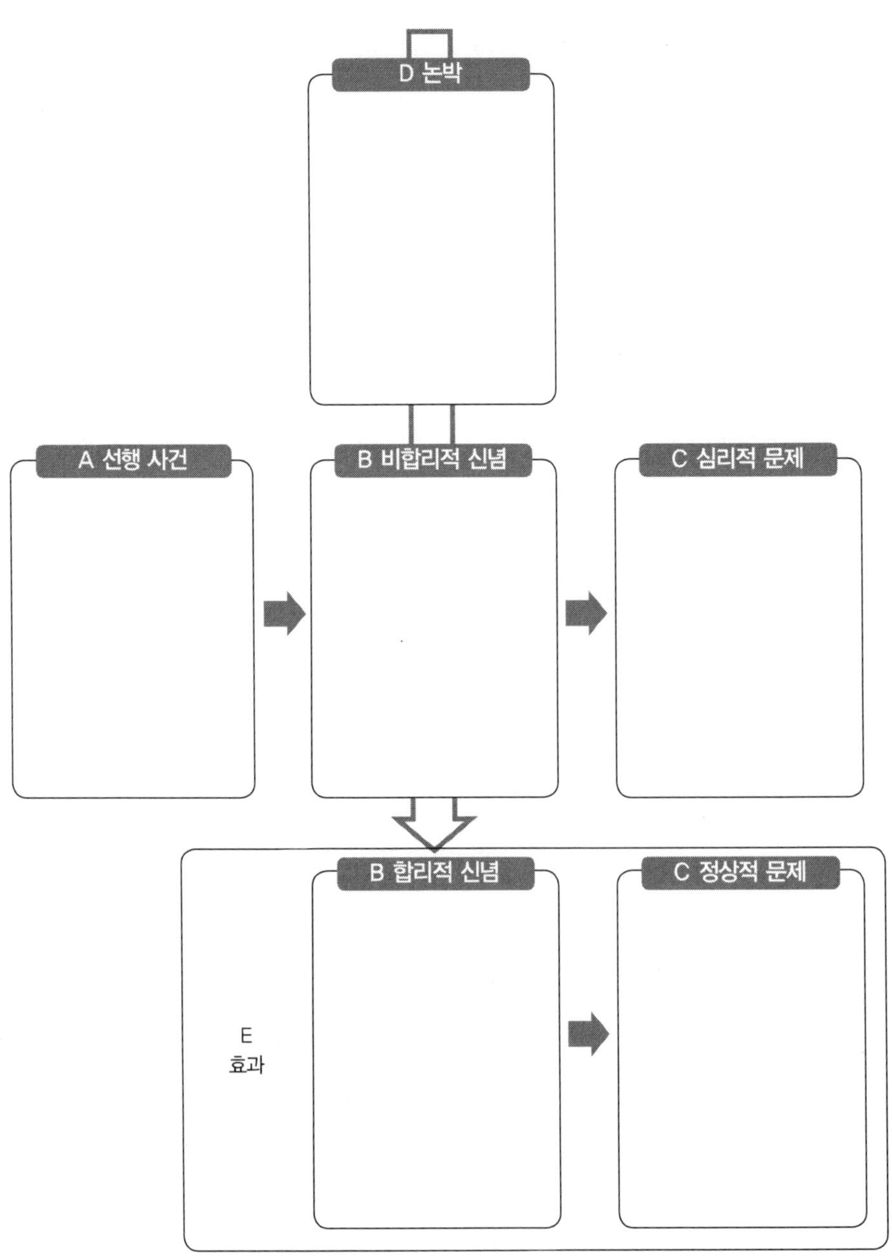

이 장에서 알게 된 부분, 또는 정리를 하면서 느낀 점 등을 자유롭게 작성해 보세요.

학과: 학번: 이름:

| 제2부 |

# 공감과 소통의 공명

자신을 완성시키려면
정신적으로는 물론 다른 사람과의 관계도 잘 맺어야만 한다.
다른 사람들과 교제를 맺지 않고
또한 다른 사람에게 영향을 미치거나 영향을 받지 않고서는
자신을 살찌워 나갈 수 없기 때문이다.

– Leo Tolstoy –

좋은 만남은 의미 있는 관계를 만든다는 것이다.
공감으로 하는 소통,
이것은 관계를 맺는 우리의 마음에서 일어나는 공명이다.

제4장

# 나의 감정 다루기

우리가 공감을 하고 의미 있는 소통을 하기 위해서는
자신과 다른 사람의 감정에 민감해야 한다. 그러므로 이 장에서는
여러 활동을 통해 감정에 대해 이해할 수 있다.

## 들어가면서

### 여러 감정 단어

우리는 일상생활에서 어떤 감정을 얼마나 다양하게 느끼고 있을까? 또 감정을 표현하는 단어로는 어떤 것들이 있을까?

다음에 제시된 단어들은 감정을 나타내는 단어들입니다. 단어들을 잘 살펴보고 자신이 경험한 적이 있는 단어에 동그라미 표시를 해 보세요.

| | |
|---|---|
| 행복 | 행복한, 감탄스러운, 벅찬, 감미로운, 황홀한, 경이로운, 개운한, 당당한, 즐거운, 유쾌한, 뿌듯한, 반가운, 재미있는, 희망찬, 통쾌한, 가벼운, 흥겨운, 설레는, 심취한, 떳떳한, 여유로운, 흐뭇한, 홀가분한, 자랑스러운, 보람찬, 감격스러운, 포근한, 고마운, 기쁜, 자유로운, 상쾌한 |
| 슬픔 | 슬픈, 초라한, 울컥하는, 허전한, 애간장이 타는, 속이 타는, 외로운, 애달픈, 가여운, 절망스러운, 그리운, 죽고 싶은, 목이 메는, 애통한, 섭섭한, 씁쓸한, 가슴이 저린, 먹먹한, 마음이 아픈, 숙연한, 울고 싶은, 한스러운, 하늘이 무너지는 것 같은, 침통한 |
| 우울 | 우울한, 버거운, 멍한, 괴로운, 무기력한, 망신스러운, 허탈한, 피곤한, 맥이 빠지는, 죄책감이 드는, 힘이 든, 가라앉은, 골치 아픈, 외로운, 침울한, 지치는, 지루한, 무덤덤한, 참담한, 갑갑한, 열등감이 드는, 체념하게 되는 |
| 화남 | 욱하는, 분한, 약오르는, 치사한, 눈꼴신, 배신감이 느껴지는, 화나는, 괘씸한, 짜증나는, 기가 막힌, 못마땅한, 귀찮게 느껴지는, 답답한, 불쾌한, 냉담해지는, 얄미운, 고까운, 미운, 아니꼬운, 원망스러운, 환멸을 느끼는, 분노하게 되는, 치가 떨리는, 언짢은, 분통 터지는, 싫은, 속 터지는, 성가신, 경멸스러운, 복수하고 싶은, 가소로운, 가증스러운, 야속한, 때리고 싶은, 달갑지 않은 |
| 두려움 | 징그러운, 겁먹은, 뻘쭘한, 무서운, 고민스러운, 위축된, 이상한, 주눅 드는, 가슴이 철렁하는, 얼떨떨한, 머쓱한, 어리둥절한, 얼어붙은, 주저하는, 당황스러운, 의아한, 불안한, 심란한, 멋쩍은, 기죽은, 무한한, 서먹서먹한, 망설이는, 긴장된, 생소한 |

# 1. 감정 이해하기

길을 가다가 갑자기 차가 앞을 가로막으면 우리는 어떤 느낌을 갖게 될까? 순간 위험을 느껴 놀라고 상황을 파악한 후 그나마 안전하다는 것이 확인되면 안도감을 느끼고 그다음에는 상대 차 운전자에게 화가 날지도 모른다. 우리는 어떤 현상이나 사건을 접했을 때 마음에서 일어나는 느낌이나 기분, 즉 감정을 느끼게 된다.

감정은 생리적 · 신체적 원인에서 발생하기도 하고 심리적 이유로 생기기도 한다. 몸의 어떤 부분에 자극이 오면 기쁨이나 고통을 느끼기도 하고 어떤 목표에 도달했을 때는 즐거움, 뿌듯함 등을 느끼며 타인과의 관계 속에서는 더욱 복잡한 감정을 갖게 된다. 나아가 아름다운 것, 신성한 것을 보았을 때 경외감을 경험하고 정신 활동에 따라 일어나는 고차원적이고 복잡한 감정을 느끼기도 한다. 또 정조, 정의감 등의 가치 감정을 경험하기도 한다. 이러한 감정들은 개인의 삶을 더욱 풍요롭게 하고 타인의 감정도 이해하고 받아들일 수 있게 한다.

물론 사람에 따라 감정에 더욱 민감한 사람과 상대적으로 덜 민감한 사람이 있다. 그러나 우리가 관계를 맺거나 대화를 나눌 때 감정을 잘 표현하는 사람에게 더욱 친밀감과 호감을 느끼는 것도 사실이다. 그러므로 감정에 대해 생각해 보는 것은 공감을 더욱 깊이 있게 하는 데 도움이 될 것이다.

우리가 느끼는 감정들은 단순하고 명확하지 않은 경우가 더욱 많다. 어떤 감정이 생기고 다음에 뒤따르는 감정이 생기기도 하고 동시에 여러 감정이 혼란스럽게 밀려오는 경우도 있다. 그러나 감정의 이해를 위해 감정의 범주를 나누어 보면 주로 다음과 같이 나눌 수 있다.

- 행복: 생활에서 충분한 만족과 기쁨을 느끼어 흐뭇함 또는 그러한 상태
- 슬픔: 기쁨과 대응되는 정서로 자신 또는 다른 사람의 불행이나 실패의 경험, 예측 또는 기억을 수반한 억울한 정서

• 우울: 근심스럽거나 답답하여 활기가 없는 상태
• 화남: 못마땅하거나 언짢은 상태
• 두려움: 어떤 대상을 무서워하여 마음이 불안하거나 마음에 꺼려 염려스러운 상태

## 2. 나의 감정 찾기

우리는 외부나 내부로부터 오는 자극 속에서 다양한 느낌, 감정, 정서를 경험한다. 어떤 감정들은 시간이 지나거나 욕구가 변하면 자연스럽게 없어지기도 하고, 어떤 경우에는 오랜 시간 동안 그 감정에 사로잡혀 있기도 한다. 또 사회 · 문화적으로 어떤 감정들은 선호되기도 하고 어떤 감정들은 회피되기도 한다. 어떤 사회에서는 자신의 속마음을 감추고 상대에 대한 예의를 표현하는 것이 미덕이 되기도 하고 어떤 사회에서는 자신을 솔직하게 표현하는 사람을 더 신뢰하기도 한다. 예로부터 우리나라는 불쾌한 감정을 표현하지 않고 참는 것을 미덕으로 삼았고 분노를 표현하면 사회적으로 나쁜 인상을 줄 수 있다는 통념을 가지고 있었다. 또한 체면을 중요하게 생각하여 자신의 감정을 솔직하게 드러내지 않았고 때로 남들에게 보여 주기 위해 현실적이지 못한 소비를 하는 사회적 분위기가 있었다. 이렇게 감정에 대한 시각이 문화마다 다를 수 있는 것은 감정의 표현이 사회 안에서 좀 더 좋은 관계를 유지하기 위한 사회적 기술의 하나로 인식되기 때문이다.

만일 우리가 감정을 소외시키고 외면하면 우리에게는 어떤 일이 생기게 될까? 때로 자극이 너무 강렬하거나 감정을 스스로 조절하기 어려운 상황이 되면 우리는 감정을 속이기도 하고 변화시켜 버리기도 한다. 이럴 때 우리는 감정을 무시하고 사물에 집중하며 합리적인 것에 얽매이고 이성에만 의지하면서 삶의 사건들을 단조롭고 지루하게 만든다. 나아가 상상력과 공감 능력, 놀이, 환상 등의 즐거움이 줄어들게 되고 표면적이고 상투적인 대인관계로 인해 점점 고립되고 무기력하게 될 수 있다. 또 이렇게 감정을 왜곡하고 숨기는 사람은 무표정하고 심하게 경직되어 심리적 · 신체적 위험 신호를 알아차리지 못하는 경우도 있다.

성장을 중요시하는 사회 속에서 우리는 점점 감정을 살피고 구별하는 데 어려움이 생기고 자신은 물론 다른 사람의 마음을 이해할 수 있는 여유도 잃어 가고 있다. 감정에 관심을 두지 않는 것은 스스로를 소외시키고 고독하게 하며 점차 각박하고 건조한 공동체를 만들게 된다. 그러므로 우리는 자신의 다양한 감정을 인식하고 적절히 표현할 수 있어야 하며 다른 사람의 감정을 이해하고 공감할 수 있어야 한다.

서로 얼굴을 맞대고 하는 소통보다 인터넷을 통한 소통을 더 많이 하고 있는 현실에선 '감정 이모티콘'이 올해의 새로운 단어로 추천될 정도다. 하지만 우리는 감정을 말하지 않고 서로 소통하는 데 한계가 있다. 감정을 잘 알게 되면 나와 상대방의 기분이나 주변의 상황, 분위기를 파악하여 이해할 수 있고 대인관계를 효과적으로 조절할 수도 있다.

## 〈활동지 4-1〉 나의 감정 따라가기

외부의 자극에 의해 우리는 두근거림을 느끼거나 심장 박동이 빨라지는 것과 같은 신체적 변화를 경험하고 이에 따라 감정을 느끼게 된다. 새로운 행동을 해 봄으로써 나의 마음에 느껴지는 감정의 변화를 살펴 알아 보도록 하자.

- 준비물: 신문지, 찰흙, 약간의 물
- 방법

① 조용히 음악 연주를 들으며 마음을 가다듬는다.
② 신문지를 구기고 뭉치고 찢어 보는 등의 행동을 마음 내키는 대로 해 본다.
③ 이때 자신이 어떤 감정을 느끼고 있는지 주의를 기울인다.
④ 찰흙을 주물러 보며, 찰흙을 나누거나 두드리거나 여러 방법을 시도해 본다.
⑤ 찰흙에 조금씩 물을 더해 가며 주물러 본다.
⑥ 스스로가 그만 하고 싶을 때까지 활동하며 모두 끝난 후에는 다시 음악을 들으며 마음을 정리한다.

* 신문지나 찰흙은 한 가지만 선택하여 활동할 수 있다.

1. 자신에게 어떤 감정들이 일어났나요? 혹 시간이 흐름에 따라 감정의 변화가 있었나요?

2. 다른 친구들과 이야기를 나누어 보고 어떤 생각을 하게 되었는지 써 보세요.

## 〈활동지 4-2〉 감정 척도

우리는 다양하고 많은 감정을 느끼지만 종종 그 감정들을 잘 알아차리지 못한다. 이번 주에는 날마다 나의 감정에 집중해 보자. 하루 일과를 마치고 돌아보며 자신이 하루 동안 느낀 감정들에 대해 생각해 보고, 경험한 감정의 정도를 숫자로 표시해 보자.

| 0 | 1 | 2 | 3 | 4 | 5 | 6 | 7 | 8 | 9 | 10 |
|---|---|---|---|---|---|---|---|---|---|---|
| 전혀 느끼지 않음 | | | | | | | | | | 매우 심함 |

| | 날짜 | 슬픈 | 불안한 | 죄책감이 드는 | 화난 | 부끄러운 | 즐거운 | 만족스러운 | 자랑스러운 | 행복한 | 기쁜 |
|---|---|---|---|---|---|---|---|---|---|---|---|
| 월 | | | | | | | | | | | |
| 화 | | | | | | | | | | | |
| 수 | | | | | | | | | | | |
| 목 | | | | | | | | | | | |
| 금 | | | | | | | | | | | |
| 토 | | | | | | | | | | | |
| 일 | | | | | | | | | | | |

1. 일주일 동안 자주 경험한 감정은 무엇인가요?

2. 일주일 동안 느낀 감정의 정도를 표시해 보며 새롭게 하게 된 생각을 적어 보세요.

## 〈활동지 4-3〉 감정 표현 · 발산

어떤 감정들은 사회적으로 표현하기가 꺼려진다. 하지만 사람에게 다양한 감정이 나타나는 것은 당연한 현상이다. 부정적인 감정이라고 해도 적절한 상황과 장소에서 올바르게 표현될 수 있어야 자연스럽게 감정을 해소할 수 있고, 감정에 휘둘리지 않는 새로운 방법을 모색할 수 있다. 다양한 감정을 느끼고 적절히 표현할 수 있다면 더욱 다양한 경험 속에서 삶의 즐거움을 느끼게 될 것이다. 만일 자신이 분노나 흥분을 표현하는 것이 익숙하지 않다면 다음의 활동을 하면서 조금 더 에너지 넘치는 행동을 연습해 보자.

- 준비물: 점토, 페트병, 수건
- 방법

① 적당한 준비물이 마련되었으면 자신이 할 수 있는 만큼 힘껏 던지거나 두드려 본다. 이때 수건은 한 번 묶어서 책상에 내리쳐 본다.

② 팀을 이뤄 활동하면서 다른 사람의 행동을 관찰하고, 좀 더 행동의 강도를 세게 한다.

③ 반복적으로 행동하면서 자신의 감정에 주의를 기울인다.

④ 하고 싶은 만큼 행동했으면 음악과 함께 명상하며 여러 번 심호흡을 하고 마무리한다.

1. 이러한 행동이 자신에게 어떤 느낌을 주었고 어떤 감정이 들었나요?

2. 다른 사람들의 행동을 보면서 어떤 생각을 했나요?

3. 예전에 불편한 감정이 생기면 자신은 어떻게 했는지 적어 봅시다. 또 그렇게 행동한 이유가 무엇이었을까요?

4. 분노나 부정적인 감정을 느낄 때 어떻게 하면 좋을지 팀원들과 이야기를 나누며 자신의 방법과 다른 새로운 방법이 있는지 토론해 봅시다.

## 〈활동지 4-4〉 감정 빙고

우리는 다른 사람이 말하지 않아도 그 사람의 표정을 보고 상대방이 느끼는 감정을 이해할 수 있다. 자신이 상대의 표정에 얼마나 민감할 수 있는지 알아보도록 하자.

• 방법

① 아래에 있는 얼굴 표정 중에 9개의 얼굴 표정을 선택하여 빙고 게임 활동지에 제시한다.

② 제시한 얼굴 표정이 어떤 감정을 나타내는 것 같은지 빙고 게임 활동지 해당 칸에 적는다.

③ 한 사람씩 번호와 감정을 이야기한다.

④ 한 줄 빙고가 되면 "빙고!"라고 외친다.

* 한 칸에 한 감정만 제시할 수 있다.

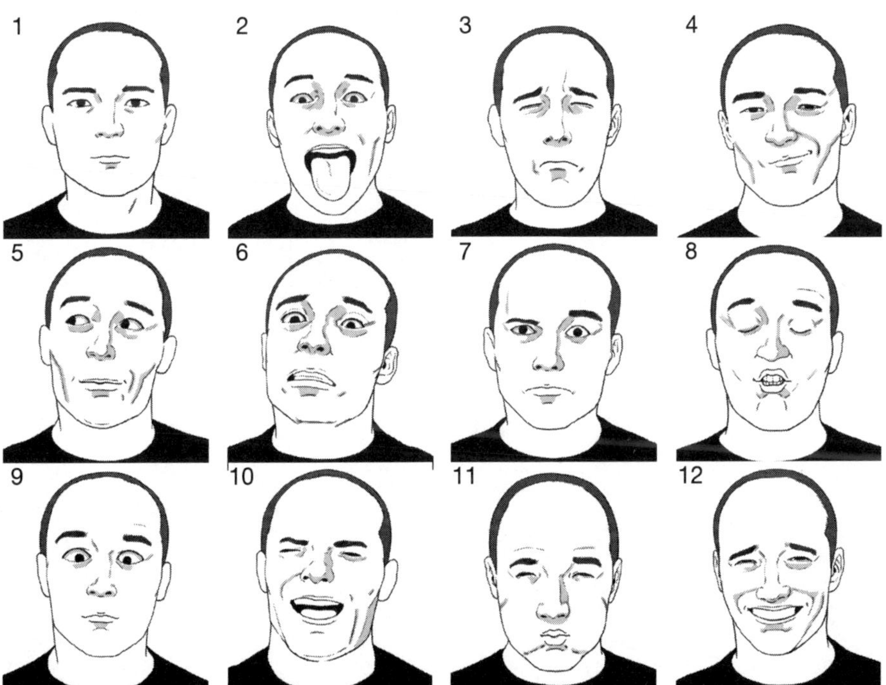

| (　　) 번 그림 | (　　) 번 그림 | (　　) 번 그림 |
|---|---|---|
| (　　) 번 그림 | (　　) 번 그림 | (　　) 번 그림 |
| (　　) 번 그림 | (　　) 번 그림 | (　　) 번 그림 |

## 〈활동지 4-5〉 표정 그림에 말풍선 만들기

우리는 어떤 특정한 상황에서 특정한 감정을 느끼기도 한다. 때로는 같은 상황이라도 다른 감정을 느끼게 되는데, 이것이 우리의 소통을 방해하기도 한다. 다음 그림의 상황은 어떤 상황이며, 어떤 감정을 느끼게 될까? 자신의 경험이나 상상력을 발휘하여 말풍선을 채워 보자.

1. 팀원들은 어떤 상황과 감정을 적었나요? 나의 생각과 많은 차이가 있었나요?

2. 활동을 한 후 느낀 생각을 적어 보세요.

## 〈활동지 4-6〉 감정 조각하기

때로 우리는 느끼는 감정을 잘 표현하지 못하여 난감한 경우도 있다. 나의 표정이나 몸짓이 나의 감정을 잘 드러낸다면 우리는 소통을 하는 데 있어서 더욱 유리하고 올바르게 자신을 알릴 수 있을 것이다. 느껴지는 감정을 잘 드러내어 상대가 알 수 있도록 몸으로 감정을 표현하여 보자.

• 방법

① 감정을 정하고 팀원들 앞에서 표정이나 몸짓을 이용하여 표현한다. 팀원들은 어떤 감정인지 이야기한다.

② 팀원들이 자신이 표현한 감정을 맞힌 후에 어떤 상황에 느꼈던 감정이었는지 이야기한다.

③ 다른 방법으로 자신이 정한 감정을 다른 사람이 표현하도록 그 사람의 몸을 조종한다(한 사람은 인형이 되어 가만히 있고, 감정을 표현하는 사람이 인형이 된 사람의 몸을 움직인다).

④ 다른 팀원들이 어떤 감정인지 맞추도록 한다.

1. 활동 중에 재미있는 상황이 있었나요?

2. 활동 중에 어려움이 있었나요? 그 원인은 무엇이었을까요? 함께 토론하고 생각을 적어 보세요.

3. 감정을 잘 표현하고 전달하기 위한 방법은 어떤 것이 있을까요? 토론하고 새로운 방법을 적어 보세요.

이 장에서 알게 된 부분, 또는 정리를 하면서 느낀 점 등을 자유롭게 작성해 보세요.

학과: 학번: 이름:

제5장

# 공감으로 관계 맺기(만나기)

우리가 나를 이해하고 감정을 적절히 표현하려고 하는 것은 다른 사람과 관계를 맺지 않고서는 살아갈 수 없기 때문이다. 우리가 그동안 가져온 관계에는 어떤 사람들이 속해 있었을까? 이 장에서는 우리가 공감과 소통으로 만나야 하는 관계에 대해 생각해 보며 자신을 더욱 이해할 수 있다.

## 들어가면서

### 관계도

우리는 여러 형태의 관계를 맺고 살고 있다. 이러한 관계들은 개인의 역할에 따라 나뉘기도 하고 관계의 목적에 따라 달라지기도 한다. 그동안 나는 어떤 관계들을 맺고 있었을까?

가족에서부터 친구 또는 학교에서나 사회적으로 갖게 된 관계들을 생각하고 적어 보세요.

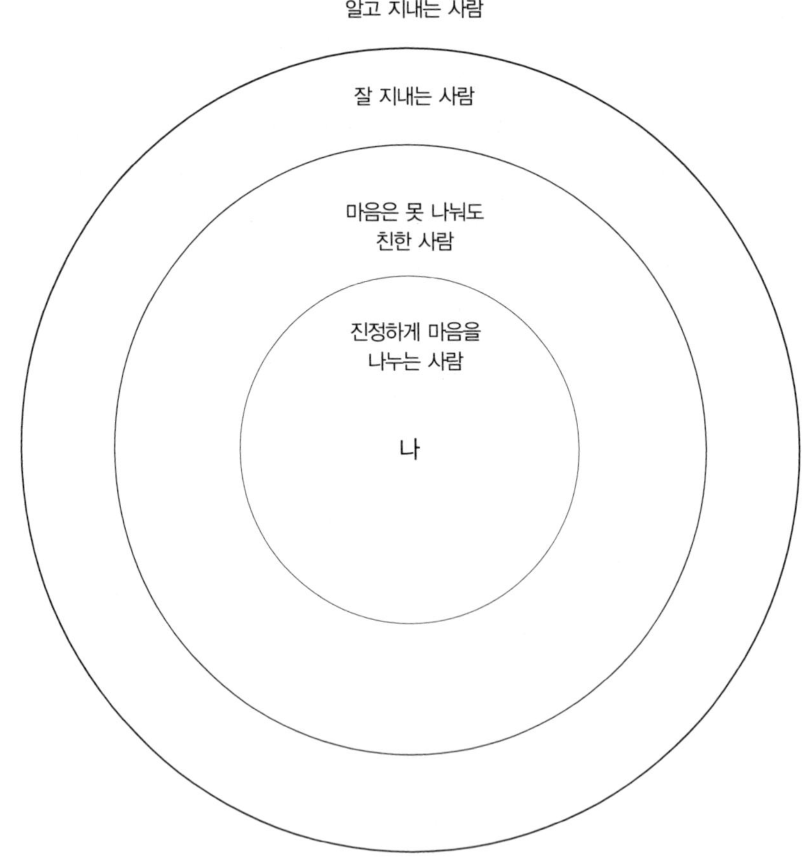

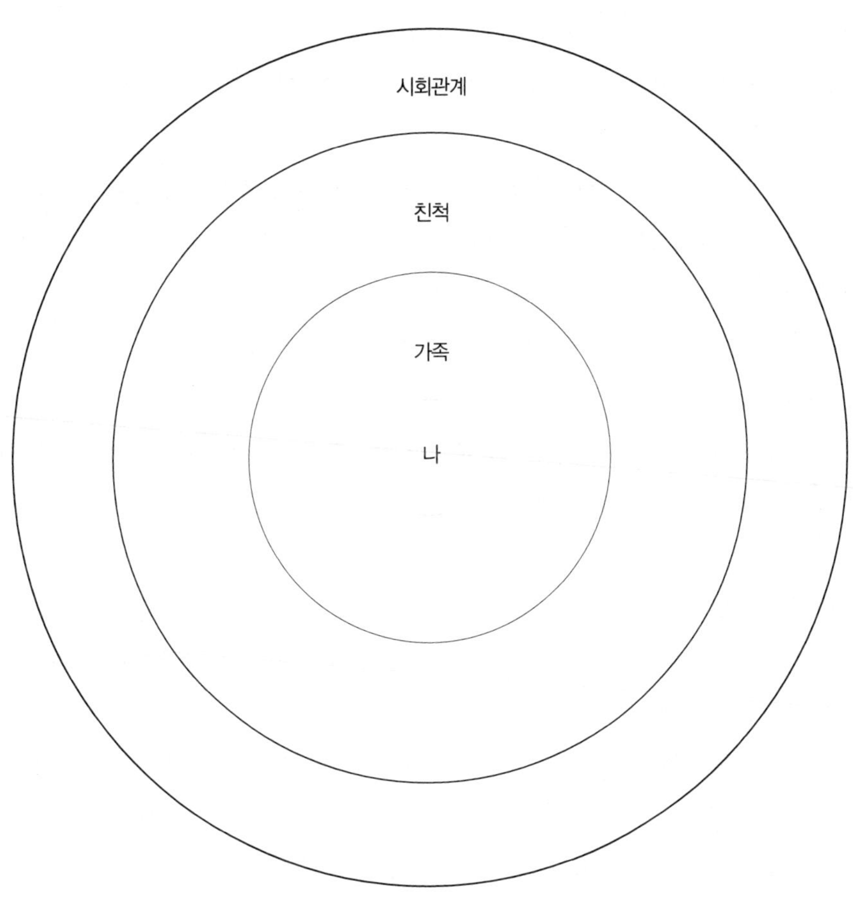
사회관계
친척
가족
나

## 1. 관계의 의미 찾기

우리가 생명체로서 이 땅에서 살아간다는 사실은 곧 우리가 혼자서는 살 수 없다는 것을 전제로 한다. 어머니와 아버지가 서로 만나 결혼이라는 과정을 거치면서 우리는 태어나고 부모의 보호와 보살핌을 받으면서 성장하게 된다. 그러므로 사람이 만나서 맺게 되는 관계는 인간의 생물적인 생존과 발달에 필수적이라고 할 수 있다.

나아가 인간의 경제생활, 사회생활 그리고 사회와 인류문명의 발전과 같은 모든 것은 사람들의 교류와 소통이 없으면 이루어질 수 없으며 이러한 모든 것이 인류 역사와 우리의 생존에 밑거름이 된다.

우리는 태어나서 처음에 부모 혹은 가족 안에서 성장하게 된다. 사랑과 혈연을 기반으로 한 작은 사회인 가정에서 성장한 후에는 좀 더 복잡한 또래 관계와 사회생활에 속하게 된다. 이때부터 감정과 생각은 더욱 복잡한 형태로 분화하고 새로운 인지적 성숙을 경험하면서 우리는 좀 더 다양한 인간관계 속에 살아가게 된다.

사회가 산업화되고 문명이 발달할수록 지식과 기술 수준이 높아지게 되고, 이러한 사회 속에서 우리의 역할, 수행해야 할 과제와 의무는 많아지게 된다. 그러므로 우리는 사회에 적응하고 다른 사람의 기대와 욕구에 부응하기 위해 많은 스트레스와 좌절, 불안 등의 감정을 경험한다. 이러한 현실이 우리에게 '진정한 만남의 관계'보다는 표피적이고 가식적인 '스침의 관계'를 지속하게 하고 진정한 자기를 모른 채 자기소외와 고독을 경험하게 한다.

그러나 우리는 살아가는 동안 아주 특별한 만남과 관계를 경험하기도 한다. 헬렌 켈러가 설리번 선생님을 만나 자신의 한계를 극복하고 새로운 인생을 경험한 것처럼, 우리도 때로 어려운 일을 당할 때 누군가의 위로로 큰 힘을 얻어 고비를 넘기기도 한다. 극한의 상황에서 어렵게 혼자 살아남은 사람들은 혼자 견뎌야 하는 외로움이 가장 힘들었다고 말한다. 이처럼 진정한 만남의 관계가 주는 신뢰감과 사랑의 큰 힘이 우리를 살아 숨 쉬게 한다.

그러므로 우리는 더불어 더 잘 관계할 수 있는 방법을 모색해야 한다. 이러한 의미 있는 관계는 우리가 살아가는 데 꼭 필요한 생존의 방법이 되며 사는 동안 느끼고 겪는 감정과 경험을 함께 나눠 행복한 성장을 하는 데 원동력이 되기 때문 이다.

## 2. 관계의 형성과 발달

우리는 태어나서 자연스럽게 가족의 일원이 되어 가장 가까운 관계를 갖게 된다. 그 후에는 성장하며 다른 여러 사람과 만나고 친밀감을 가지며 관계를 넓혀간다. 우리는 그런 관계를 시작하게 될 때 의식적이든 무의식적이든 어떤 동기를 갖게 된다.

우리는 어떤 사람들과 친해지기를 원하며 어떤 사람들과 관계를 맺기 위한 동기를 갖게 될까? 새로운 곳에서 낯설고 서먹할 때 나와 가까운 거리에 있어 처음 인사를 나눈 사이라든지, 어떤 일을 하면서 나에게 도움을 준 사람이라든지, 생각이나 같은 기억을 공유하고 있었다든지 또는 막연히 어떤 느낌이나 감정에 끌렸다든지 하는 이유로 누군가에게 호감을 느끼기도 한다. 일반적으로 우리는 좋은 인상을 가지고 있거나 사회적으로 멋진 성취를 이룬 사람들과 친해지기를 원한다.

## 한 걸음 더

우리는 다음과 같은 이유로 다른 사람들에게 호감을 느껴 관계를 맺고 싶은 동기를 갖게 된다.

- 신체적 · 사회적 · 과업적 매력: 사람마다 다를 수는 있지만 개인의 성향에 따라 신체적 매력을 가진 사람, 사회적으로 인기 있는 연예인, 운동선수 등과 친해지고 싶어 한다. 또 어떤 사람의 특별한 능력은 다른 사람에게 호감을 갖게 한다.
- 인접성: '거리가 멀어지면 마음도 멀어진다.'는 말처럼 자주 보다 보면 친근감이 더 생길 수 있다.
- 동질성: 어떤 특성이나 성격, 상황이 같거나 비슷한 경우에 가까워지기 쉽다.
- 이질성: 때로 전혀 다르다는 이유로 더 호감을 느끼기도 한다. 나와 반대되는 성격을 더 좋게 느끼는 경우도 이에 해당한다.
- 상호성: 상대에게 특별히 좋은 감정이 없더라도 상대가 나에게 친절과 호의를 보이면 마음을 열어 친밀감을 느끼는 경우다.
- 호혜성: 무언가 도움을 받은 사람에게 우리는 고마움과 친근감을 느끼고 좋아하게 된다.
- 개방성: 우리는 일반적으로 자신의 이야기를 많이 하는 자기개방적인 사람을 좋아한다. 적절한 자기개방은 자신을 알리게 되고 우리는 아는 만큼 친밀감을 느끼게 된다.
- 참만남: 어떤 사람과 긴 시간을 이야기하든지 자신의 '속 깊은 이야기'를 나누게 되면 호감을 느끼고 관계가 깊어지게 된다.
- 지식과 이해: 어떤 사람의 특별한 경험이나 성격, 좋아하는 것과 싫어하는 것 등을 아는 것과 같이 그 사람에 대한 이해가 있다면 관계를 발전시키는 데 많은 도움이 된다.

이렇게 호감을 가지고 만나기 시작한 관계는 다음과 같은 과정을 거쳐 발달하게 된다.

- 시작단계: 상대에게 매력을 느끼고 관계를 갖고자 마음을 먹는 것으로부터 시작, 계속 가까이 할 수 있을지 탐색, 앞으로 관계가 전망되는 단계
- 실험단계: 상대의 특성을 알아보면서 탐색, 피상적 관계를 넘어선 성숙한 관계를 시작하는 단계
- 심화단계: 아는 관계에서 벗어나 친한 관계가 되는 수준, 마음과 시간을 투자하여 관계를 발전시키고 친밀성과 신뢰 수준이 증가하며, 상대의 사적인 부분에 대해 더 많이 알게 되는 단계
- 통합단계: 많은 것을 공유하게 되고 둘만이 공유하는 '그 무엇'이 생김, 신체리듬이나 일상생활의 패턴까지 비슷해지고 더욱 자주 보며 접촉하게 됨, 이때 생기는 더 깊은 자기노출은 신뢰를 증가시키고 신뢰와 자기노출은 선순환하는 단계
- 재협상단계: 관계 자체에 대한 의문이 생김, 관계를 냉정하게 검토, 특히 최선의 관계를 위해서 불편했던 부분에 대해 서로 다시 이야기하고 생각을 나누는 재협상이 필요한 단계
- 동맹단계: 서로의 파트너로서 자발적인 의무를 지고 서로의 관계 유지와 발전에 기여하게 되는 단계

다른 사람을 만나 관계를 맺은 후 깊은 단계로 발전하기 위해서 어떤 것들이 필요할까? 각 단계에서 어려운 문제나 갈등을 해결하기 위해서는 서로 이해하고 공감하며 소통하는 것이 무엇보다 중요하다. 서로에게 꾸준한 관심을 가지고 상대의 형편과 주어진 상황을 이해하며 서로의 감정에 민감하여 공감의 깊이를 더욱 깊이 하는 것, 이것이 우리의 관계를 더욱 돈독하게 하고 삶에 충만한 행복을 가져올 수 있다.

## 〈활동지 5-1〉 만남과 시작

나는 주로 어떤 상대에게 호감을 느끼고 어떻게 만남을 시작하며 어떻게 관계를 유지시키는가? 다음의 질문에 차례대로 답하면서 나의 관계 맺기를 생각해 보자.

1. 내가 호감을 느끼는 사람은 누구인가요?

2. 나는 호감이 가는 사람에게 먼저 다가가나요? 아니면 어떻게 하나요?

3. 관계에서 가장 중요하다고 생각하는 것은 무엇인가요?

4. 나에게 가장 의미 있었던 만남은 무엇인가요?

## 〈활동지 5-2〉 의미있는 관계

나에게 의미 있는 친구(혹은 가족 등 어떤 관계이든)가 있다면 어떻게 그 관계를 발전시키고 유지하여 왔는지 생각해 보자.

1. 나와 친구의 관계는 어떻게 시작되었나요?

2. 그 친구와 어떤 계기로 더욱 친밀해졌나요?

3. 갈등이 있을 때 어떤 방법으로 극복하고 이후의 관계는 어떠했나요?

4. 이 관계를 돌아보며 새롭게 생각한 것이 있나요?

## 〈활동지 5-3〉 소셜 아톰으로 관계 알아보기

소셜 아톰(social atom)은 사회적인 존재로서 인간관계를 알아보는 것으로 자신의 대인관계를 간단한 도형으로 짧은 시간 안에 나타내 보는 것이다. 만들어진 상징적 그림은 얼마나 많은 사람이 나와 가까이 있는지, 어떤 색으로 표현되고 어떤 크기인지를 살펴보게 해 줌으로써 나와 주변 사람의 관계 정도와 친밀함 등 나의 속마음을 알 수 있게 해 준다.

- 준비물: 도화지, 색연필, 크레파스, 명상음악
- 방법

① 조용한 음악을 들으며 지금 현재 떠오르는 사람들을 눈을 감고 생각해 본다.

② 눈을 뜨고 떠오른 모든 사람을 나를 포함하여 그려 본다(논리적으로 떠오르는 것은 피한다).

③ 남자는 △, 여자는 ○(이성은 △, 동성은 ○)로 그린다.

④ 공간, 크기는 내 마음대로 그리며 색칠한다.

1. 자신이나 팀원들의 그림을 보면서 떠오른 생각을 적어 보세요.

2. 자신이 바라거나 원하는 소셜 아톰 그림이 있다면 어떤 그림인가요? 어떻게 하면 자신이 원하는 소셜 아톰 그림을 가질 수 있을까요?

이 장에서 알게 된 부분, 또는 정리를 하면서 느낀 점 등을 자유롭게 작성해 보세요.

학과: 학번: 이름:

제6장

# 함께 마음 나누기

이상적으로 친밀한 인간관계는 두 사람이 성장하는 데 도움을 준다. 이러한 관계를 만들기 위해 우리는 더욱 공감적으로 서로 이해하며 소통해야 한다. 이 장에서는 서로에 대한 깊은 이해를 만들어 내는 관계 속의 공감과 소통에 대해 생각해 볼 수 있다.

## 들어가면서

다른 사람과 관계를 하면서 우리는 상대가 나를 이해할 수 있도록 나를 표현해야 하는 경우가 있고 또 다른 사람의 의도나 생각을 더 잘 알아차려야 하는 경우도 있다. 공감과 소통으로 관계를 맺기 위해서 함께 이해하고 공감하는 방법에는 여러 가지가 있다.

우리가 다른 사람과 이야기를 나눌 때 어떤 것을 통해 상대를 이해하게 될까요? 팀원들과 토론해 보세요.

## 1. 비언어적으로 공감하고 소통하기

우리는 나를 표현하거나 다른 사람에게 나를 이해시킬 때 주로 언어적으로 상황이나 생각 등을 이야기한다. 언어적으로 나를 표현하여 소통하는 경우에는 대개 상황이나 감정을 말로 전하게 되므로 논리적이고 알아듣기 쉬운 표현을 해야 하며 일반적으로 통용되고 있는 상징을 사용함으로써 더욱 적절한 표현을 할 수 있다.

그러나 우리는 나를 좀 더 잘 표현하기 위해 다양한 방법을 생각해 볼 필요가 있다. 예를 들어, 어떤 필요에 의해 무언가를 다른 사람에게 요구할 때는 논리적이고 알아듣기 쉬운 말로 부탁하면서 절실하고 진지한 표정을 짓는다든지, 더 예의 바르고 신중한 태도로 말할 것이다. 상대를 이해할 때 우리는 그 사람의 이야기에도 귀 기울이지만 그 사람의 태도나 말투, 표정과 이야기가 일치할 때 더욱 신뢰하게 된다.

이러한 비언어적 의사소통은 표정, 자세, 몸짓 등 신체의 움직임을 통해 여러 의미를 나타내어 표현하고 소통하는 것으로 우리 주변에서 우리가 의식하지 못하는 사이에 많이 이루어지고 있다. 결국 우리는 말을 하지 않아도 서로의 마음을 알 수 있다. 누군가가 먼저 소리를 내기 시작하면 우리는 아무 말 없이 서로의 소리를 듣고 박자를 맞추어 음악을 만들 수 있다. 또 두 사람이 함께 춤을 출 때도 상대방 움직임의 의도를 알아차리고 그 의도에 맞추어 환상적인 조화를 이룰 수 있다. 때로는 사랑이 가득 담긴 눈빛만으로 상대에 대한 나의 마음을 전할 수 있다.

이러한 비언어적인 의사소통은 문화에 따라 다르기도 하며 때로는 모호하고 모순적인 경우도 있어 소통에 혼란을 줄 수도 있다. 하지만 내가 표현하고자 하는 바를 강조하거나 보완하며 더욱 분명하게 할 수도 있다. 또한 긍정의 의미로 “예.”라고 대답하는 대신 고개를 끄덕이는 행동과 같이 대체 소통의 기능도 가지고 있다. 이상에서 살펴본 바와 같이 우리는 분명히 비언어적으로 의사소통하고 있으며 어떤 경우에는 언어적 소통보다 비언어적 소통에 더욱 의지하기도 한다.

이러한 비언어적 의사소통을 잘 이해하는 것은 상대를 이해하고 공감하며 원활한 소통을 하는 데 중요한 요소가 된다. 서로를 이해하는 마음이 공감적으로 이루어질 때 마음의 공명이 이루어지고 관계는 친밀하고 깊어진다. 상대가 나의 마음을 알아주고 이해해 준다는 느낌은 진심으로 지지를 받고 있다는 마음을 갖게 하고 상대를 더욱 신뢰하게 되는 편안한 안정감을 갖게 해 준다. 이러한 마음의 공명은 관계 안에서 편안한 울림이 되어 서로 전달되고 통하게 된다. 그러므로 우리는 진정한 만남의 관계를 갖기 위해서 비언어적 의사소통에도 민감한 관심을 가져야 한다. 이러한 관심을 통한 공감과 소통이 관계를 부드럽게 하고 오해와 갈등을 줄일 수 있기 때문이다.

## 2. 적극적으로 공감하고 소통하기

우리는 피상적인 만남의 관계가 아닌 서로의 마음이 통하여 공명하는 친밀한 관계를 맺기 위하여 적극적으로 상대를 이해하고 공감하며 소통해야 한다.

다른 사람에게 내가 진정으로 당신을 이해하고 있다고 전달하기 위해서 우리는 어떻게 할 수 있을까? 우리는 비언어적 방법과 언어적인 방법을 모두 적절히 사용하는 것에서 나아가 진심으로 다른 사람의 표현에 관심을 보이고 이해하려고 노력해야 한다. 진심으로 상대의 이야기에 귀 기울이는 것은 관심이 생기도록 하는 동기가 되고 관계의 시작이 되기도 한다.

적극적 경청이란 상대의 말을 잘 듣고 반응하는 과정이라고 할 수 있다. 즉, 이야기를 들을 때 적극적으로 상대의 말을 들을 준비를 하고 이야기를 듣는 것이다. 우리는 일상에서 많은 이야기를 듣고 대화를 나누지만 때로 어떤 불가피한 상황 때문에 혹은 자신의 습관이나 성격 탓에 대화를 통한 공감이나 진정한 소통에 이르지 못하는 경우도 많다. 그러므로 다시 한 번 나의 듣는 태도, 말하는 습관 등을 점검하는 일은 공감과 소통을 하기 위해 중요한 일이다. 적극적인 경청을 할 때에는 다음과 같은 것을 유의해야 한다.

- 적절한 공간: 이야기를 듣는 데 방해가 되지 않도록 너무 소란스럽거나 산만하지 않은 장소가 필요하다.
- 적절한 거리의 유지: 너무 멀거나 가까운 거리는 말하는 사람에게 부담을 주거나 성의 없는 모습으로 보일 수 있으므로 말하는 소리를 잘 들을 수 있는 적절한 거리를 확보해야 한다.
- 적극적인 태도와 자세: 상대의 이야기를 들을 때 비스듬히 앉거나 팔짱을 끼고 있거나 하면 상대는 자신의 이야기를 들을 준비가 안 되어 있다고 느끼거나 자신의 이야기가 전적으로 수용되고 있다고 느끼지 못할 수 있다. 또 눈을 맞추며 이야기에 집중하고 있음을 표현하는 것은 이야기하는 사람에게 좀 더 용기를 갖게 해 준다.
- 언어적이거나 비언어적인 적절한 호응: 상대의 이야기를 들으면서 이야기를 잘 듣고 있다는 반응이나 이해하고 공감하고 있다는 적절한 동의의 표현은 상대로 하여금 좀 더 자신감을 갖게 하고 신뢰감을 주어 편안하게 더 많은 이야기를 할 수 있도록 격려한다.

다른 사람과 대화를 나눌 때 적절한 태도를 취하며 눈을 맞추고 귀 기울여 상대의 이야기를 적극적으로 경청하면 상대를 좀 더 이해하고 공감하게 되며 마음을 나누는 의미 있는 소통을 하게 된다. 이러한 공감의 소통이 관계를 더욱 발전시키게 되므로 우리는 적극적 경청을 통해 공감과 소통에 더욱 다가가야 한다.

## 〈활동지 6-1〉 마임: 몸으로 말해요

우리는 말을 하지 않아도 나의 생각을 상대에게 전달할 수 있다. 게임을 통해 비언어적 소통의 기능과 효과를 알아보도록 하자.

- 준비물: 도화지
- 방법

① 도화지에 모두 알 수 있는 속담이나 단어를 써서 준비한다.

② 팀원이 모두 한 줄로 서서 게임을 시작한다.

③ 맨 앞의 팀원이 글을 읽은 후 뒷사람에게 말을 하지 않고 몸짓으로 단어나 속담을 설명한다.

④ 앞 팀원의 설명을 본 뒷사람은 자기 뒷사람에게 의미를 전달한다.

⑤ 맨 마지막 팀원은 자신이 본 비언어적 표현을 언어적 표현으로 말한다.

⑥ 가장 빠른 시간에 가장 정확하게 맞힌 팀이 게임에서 이긴다.

1. 비언어적 표현이 얼마나 정확하였나요?

2. 일상에서 비언어적 표현을 오해하거나 착각한 경우가 있었나요?

3. 자신은 표현을 할 때 비언어적 수단을 얼마나 사용하나요? 만일 적게 사용한다면 그 이유는 무엇일까요?

4. 활동을 하며 느낀 점을 토의하고 적어 보세요.

## 〈활동지 6-2〉 언어로 표현하는 나의 감정

우리는 어떤 상황이나 감정을 말로 표현하여 다른 사람과 대화하고 공감을 하기도 한다. 다른 사람이 이해하기 쉽도록 적절한 크기의 목소리로 자신의 생각을 잘 표현해 보자. 또 듣는 사람은 적극적으로 경청하며 말하는 사람과 공감해 본다.

- 준비물: 감정을 적은 단어장
- 방법

① 팀원이 모여 앉고 가운데에 단어장을 보이지 않게 펴 놓는다.
② 한 팀원이 단어장을 가져가 어떤 감정인지 확인한다.
③ 자신이 언제, 어떤 상황에서 그런 감정을 느꼈는지 다른 팀원들에게 이야기한다.
④ 이야기를 들은 다른 팀원들은 어떤 감정을 설명하고 있는지 맞힌다.
⑤ 맞힌 팀원에게 카드를 주고 가장 많은 카드를 모은 팀원이 이긴다.

1. 게임을 하며 어떤 느낌과 생각이 들었는지 토론하여 보고 다른 팀원들의 이야기를 정리해 보세요.

2. 게임을 하고 느낀 점을 적어 보세요.

## 〈활동지 6-3〉 적극적 경청

적극적 경청이란 상대의 말을 잘 듣고 반응하는 과정이라고 할 수 있다. 상대가 이야기를 할 때, 적극적으로 상대의 말을 들을 준비를 하고 이야기를 들어 보자.

• 방법

① 두 명이 짝을 지어 한 사람은 이야기를 하고 한 사람은 적극적 경청을 한다.

② 이때에 경청자는 주의를 기울이고 말하는 사람을 쳐다보며 개방적인 자세를 취하고 때로 상대에게 상반신을 기울이면서 관심을 표현한다. 또한 부드러운 시선 접촉을 하며 때때로 고개를 끄덕인다든가, '음' '그랬구나' 등의 언어적 · 비언어적 표현을 상대에게 전달한다.

③ 말을 하는 시간은 1분이나 3분 정도로 시간을 정하고 시작한다.

④ 경청자와 말하는 사람의 역할을 바꾸어 진행한다.

⑤ 실습을 하면서 느낀 점, 동영상을 보고 새롭게 알 게 된 점 등을 서로 이야기한다.

* 세 사람이 한 팀이 되어 한 사람은 이야기하고 다른 사람은 경청자가 되고 나머지 한 명은 관찰자(동영상 촬영 가능)가 되어 진행한다.
* 포스트잇에 각자의 경험을 적어 칠판이나 교실의 벽 등 한 공간에 모두 붙이고 하나씩 선택하여 읽어 보는 식의 전체 반 활동으로 확장할 수 있다.

1. 이야기하는 사람의 역할을 했을 때 어떤 느낌이나 생각이 들었나요?

2. 경청자가 되었을 때 어떤 느낌이나 생각이 들었나요?

3. 경청자가 되었을 때 경청을 방해하는 요인이나 자신의 특별한 습관이 있었나요? 가장 어려웠던 부분은 무엇이고 그 이유는 무엇일까요?

4. 활동을 하고 나서 느끼거나 생각한 점을 정리해 보세요.

이 장에서 알게 된 부분, 또는 정리를 하면서 느낀 점 등을 자유롭게 작성해 보세요.

학과: 학번: 이름:

| 제3부 |

# 공감과 소통의 표현

세상은 거울과 같다.
사람들과의 관계에서 겪는 문제들 중 대부분은
스스로와의 관계에서 겪고 있는 문제를
거울처럼 보여주고 있다.
밖으로 나가서 남들을 바꿔 놓을 필요는 없다.
우리 자신의 생각들을 조금씩 바꿔 나가다 보면,
주위 사람들과의 관계는 자동으로 개선된다.

- Andrew Matthews-

우리가 소통하기 위해서는 다양한 노력이 요구되지만,
상대를 위한 배려가 없다면 그 노력은 기술에 불과하다.
상대를 위한 배려는
나 자신의 따뜻한 마음에서부터 시작될 것이다.

제7장

# 의사소통의 이해

의사소통이 무엇인지 알아보고, 의사소통을 방해하는 요소들에
주의하면서 자신의 의사소통 유형에 대해 파악해 볼 수 있다.

## 들어가면서

우리는 사람들과 어떤 소통을 하기 원하는가?

다음은 일상생활에서 경험하는 다양한 소재 중 공감적 수준에 따라 구별되어 있습니다. 자신의 공감적 이해 정도에 따라 의사소통이 달라질 수 있습니다. 다음의 상황에서 자신은 어떻게 대답하는지 생각해 봅시다.

**예시**

"여자(남자)친구한테 온 편지라고 저한테 보여 주시지도 않고 엄마 마음대로 뜯어보시면 어떻게 해요."

1. 못된 송아지 엉덩이에 뿔 난다더니 벌써부터 연애니?
2. 엄마가 자식 편지를 못 뜯어 보면 어떻게 하니?
3. 잘못인 줄 알면서도 걱정이 돼 그랬다.
4. 옛날 같으면 결혼도 할 나이지. 그러나 아직 그런 데 신경 쓸 나이가 아니지 않니?
5. 네 일은 네게 맡겨도 되는 건데 엄마가 좀 지나쳤구나.

## 연습

"우리집은 왜 그리도 시끄러운지 모르겠어요. 집에서는 영 공부할 마음이 안 생겨요."

1. 네가 공부할 때는 식구들이 좀 조용히 해 주었으면 좋겠다는 말이지?
2. 좀 시끄러워도 참고 하면 되잖니?
3. 뭐가 시끄럽다고 그러니? 공부하기 싫으니까 핑계도 많구나.
4. 그래, 우리집이 시끄러우니까 공부하기 힘들지?
5. 식구들이 좀 더 조용히 해 주면 공부를 더 잘할 수 있을 것 같단 말이지?

출처: 이장호, 금명자(2014).

## 1. 의사소통의 이해

의사소통은 인간과 인간 사이에서 오고 가는 모든 것을 의미하는 것으로 나의 사실, 생각, 감정을 알려 주고 서로 공통적인 이해를 만들며, 다른 사람의 생각, 감정, 행동의 변화를 일으키는 것이라고 할 수 있다. 의사소통은 서로 영향력을 행사하고 모든 것을 덮어 줄 수 있는 거대한 우산과 같은 것으로 대인관계를 통해 학습되는 것이기 때문에 변화될 수 있다.

의사소통은 그 사람의 인품을 나타내는 것으로 그의 사고방식을 알 수 있다. 그래서 말 한마디라도 신중한 선택을 할 필요가 있다. 아무리 가까운 사이라고 하더라도 할 말과 못할 말을 구별하지 않는다면 한 번의 실수로 관계의 회복이 어려울 수 있다.

의사소통은 언어적인 방법과 비언어적인 방법이 있다. 언어적인 방법은 말이나 문자를 사용하는 것이다. 사람이나 동물이 표정이나 행동을 포함한 몸짓, 소리를 통해 신호를 보내서 의사소통을 하는 것은 비언어적 방법이라 할 수 있다.

아들러(Alfred Adler)에 따르면 언어적 의사소통은 보통 한 번에 표현 가능한 의미의 수가 하나이지만, 비언어적 의사소통은 얼굴 표정, 자세, 몸 동작 등 신체 여러 부분의 움직임을 통해 여러 가지 의미를 동시에 나타낼 수 있다. 또한 사회 문화적 소통을 위해서 문학, 음악, 미술, 무용, 연극, 공연장, 전시회장, 과학관, 지역사회 등 다양한 분야와 장소에서도 다양한 소통을 하기 위한 시도가 이루어지고 있다.

사람들은 사고방식이나 성격, 사회적 상황과 환경에 따라서 의사소통을 하는 데 어려움이 있을 수 있다. 사람들은 자신이 원하는 바를 잘 표현하지 못해 욕구를 충분히 충족시키지 못하고, 너무 적극적인 표현을 함으로써 상대방이 부담을 느껴 원만한 대인관계를 이루기 어렵게 된다. 그러므로 상대방의 감정에 공감하고, 자신이 이해받고 있다는 느낌을 잘 전달하는 촉진적인 의사소통이 이루어져야 건강한 대인관계가 형성될 수 있다.

'말 한 마디로 천 냥 빚을 갚는다.'라는 속담처럼 대인관계에서 효과적인 대화는 매우 중요하다. 효과적인 대화를 방해하는 여러 가지 요인은 소통을 방해하는 요인으로 작용한다.

고든(Thomas Gordon)은 인간관계 속에서 효과적인 소통을 방해하는 요인으로 열두 가지 걸림돌을 제시하였다. 그리고 이러한 것 외에도 비언어적인 거부표현들도 이에 속한다고 하였다. 토마스 고든이 제시한 '소통의 걸림돌' 12가지는 다음과 같다.

- **명령, 강요**

'너는 반드시' '너는 꼭' '~해야 할 것이다.' 등 말로 상대방에게 명령과 강요를 하게 되면 저항과 공포감을 유발할 수 있으며, 하지 말라는 것을 더 하고 싶은 마음이 들게 할 수도 있다.

- **경고, 위협**

'만약 ~하지 않으면 그때는' '~하는 게 좋을 거야. 그렇지 않으면' 등 경고와 위협의 말투는 공포심과 복종을 유발할 수 있다. 또한 위협받는 것을 한번 시험해 보고 싶게 만들 수도 있으며 원망, 분노, 반항을 유도할 수 있다.

• **훈계, 설교**

'너는 ~해야만 한다.' '~하는 것이 너의 책임이야.' 등의 말투는 의무감을 갖게 하고 못하였을 경우 죄의식을 갖게 한다. 또한 자신의 입장을 고집하고 방어하게 만들 수 있으며 '너는 책임감이 부족하기 때문에 믿지 못 하겠다.'는 의미를 전달할 수도 있다.

• **충고, 해결 방법 제시**

'내가 말하고자 하는 것은~' '~하는 게 어떻겠니?' 등의 말투는 '너는 네 문제를 해결할 수 없는 무능력한 사람이다.'라고 전달하는 것으로 스스로의 문제를 생각해 보고 대안이 되는 해결책을 찾아 적용해 보고자 하는 노력을 방해한다. 그리하여 상대에 대한 의존감을 증대시키고 반대로 저항감을 갖게 할 수 있다.

• **논리적인 설득, 논쟁**

'네가 왜 틀렸냐 하면~' '문제가 되는 것은~' 등의 말투는 방어적인 자세를 갖게 하고 반론을 펴도록 만든다. 그리하여 상대방의 말을 듣지 않게 되고, 상대방에게 설득을 당하게 되면 열등감과 무력감을 갖는다.

• **비평, 비난**

'너는 신중하게 생각하지 않아.' '너는 게을러서~' 등의 말투는 아이에게 무능력한 존재이고 어리석고 형편없이 판단한다는 것을 가르친다. 비판을 사실로 받아들여 '나는 바보다.' '나는 멍청이다.'라는 생각을 갖게 만든다.

• **칭찬, 찬성**

'네가 맞아.' '너 참 잘했다.' 등의 말투는 선심 쓰는 것처럼 보이거나, 바라는 행동을 조장하는 교묘한 노력으로 보일 수 있다.

• **욕설, 조롱**

'이 울보야' '바보같이~' 등의 말투는 자신이 가치가 없고 사랑받지 못하는 존재라고 생각하게 만들어 자아상에 파괴적인 영향을 끼칠 수 있다.

• **분석, 진단**

'무엇이 잘못 되었느냐 하면~' 등 분석이나 진단을 하는 말투는 궁지에 몰아

넣게 되는데, 궁지에 몰리면 자신이 노출되는 것을 두려워하고 대화를 피하게 만든다.

- **동정, 위로**

'걱정하지 마. 앞으로 나아질 거야.' 등의 말투는 문제를 축소시켜 이해받지 못한다는 느낌을 갖게 하고 '말이면 다인가' 하는 적개심을 유발시킨다.

- **캐묻기와 심문**

'누가, 언제, 어디서, 무엇을, 어떻게, 왜'의 육하원칙에 따른 질문은 대답하는 동안 실제 문제가 무엇인지 잊어버리게 한다. 또한 질문에 답했을 경우 비난이나 설교, 해결책 등이 제시되므로 대답하지 않거나 대충 말하거나 거짓말을 하게 한다.

- **화제 바꾸기, 빈정거림, 후회**

'골치 아픈 얘기 말고 즐거운 일이나 얘기하자.'와 같은 말투로 부모가 문제에 대처하게 되면 삶의 어려운 문제에 직면했을 때 대처 방안을 모색하기보다 회피하려는 태도를 지니게 된다. 아이가 어려운 문제에 직면했을 때 부모를 의논 상대로 생각지 않고 마음의 문을 닫는다.

## 〈활동지 7-1〉 의사소통 능력 척도

자신의 의사소통 능력을 확인해 보세요.

**의사소통능력 척도**(Primary Communication Inventory: PCI)

| NO | 문항 | 전혀 그렇지 않다 1 | 그렇지 않다 2 | 보통 이다 3 | 대체로 그렇다 4 | 매우 그렇다 5 |
|---|---|---|---|---|---|---|
| 1 | 나는 그날 있었던 유쾌한 일에 대해 가족이나 친구들에게 자주 이야기한다. | | | | | |
| 2 | 나는 그날 있었던 불쾌한 일에 대하여 가족이나 친구들에게 자주 이야기한다. | | | | | |
| 3 | 나는 내가 동의하지 않는 일이나 대화하기 어려운 일에 대하여도 가족이나 친구들에게 이야기한다. | | | | | |
| 4 | 나는 가족이나 친구 모두가 흥미 있어 하는 일에 대하여 이야기한다. | | | | | |
| 5 | 나와 다른 사람이 대화할 때 대부분 내용이나 방법에서 내가 느끼는 것과 같은 방식으로 한다. | | | | | |
| 6 | 내가 어떤 질문을 하려고 할 때, 그것을 질문하기 전에 상대방이 내가 질문하려는 것이 무엇인지 알 때가 많다. | | | | | |
| 7 | 나는 상대방의 얼굴 표정이나 몸짓에서 상대방의 감정을 안다. | | | | | |
| 8* | 나는 가족이나 친구들과의 대화에서 대화하는 것이 꺼려지는 주제가 종종 있다. | | | | | |
| 9 | 나의 가족이나 친구들은 눈짓 또는 몸짓으로 나에게 의사를 전달하는 경우가 종종 있다. | | | | | |
| 10 | 나는 중요한 결정을 내리기 전에 가족이나 친구들과 서로 상의한다. | | | | | |

| | | | | | | |
|---|---|---|---|---|---|---|
| 11 | 나의 가족들은 내가 말하지 않아도 내가 하루를 어떻게 보냈는지 알아채는 경우가 종종 있다. | | | | | |
| 12 | 나는 친구가 내가 원하지 않는 운동을 같이 하자고 할 때, 친구에게 분명하게 거절을 할 수 있다. | | | | | |
| 13 | 친구들은 나에게 말하기 힘든 이성 문제에 대하여도 종종 이야기한다. | | | | | |
| 14 | 나와 친구들은 다른 사람이 알지 못하는 특별한 의미를 갖는 말이나 은어를 종종 사용한다. | | | | | |
| 15 | 나는 가족이나 친구들에게 감정에 치우치거나 당황하지 않고 나의 확고한 생각을 말한다. | | | | | |
| 16* | 나는 친구들에게 내가 나쁘게 보일 만한 것은 말하기를 꺼린다. | | | | | |
| 17 | 나는 상대방의 말투를 보고 그가 실제로 말하는 내용과 뜻이 다르다는 것을 잘 알아챈다. | | | | | |
| 18 | 나와 친구들은 서로의 개인적인 일에 대하여 자주 이야기한다. | | | | | |
| 19 | 나는 대부분의 경우 상대방이 내가 이야기하고자 하는 것을 잘 이해한다고 느낀다. | | | | | |
| 20 | 나는 다른 사람들이 이야기하는 것을 아주 잘 듣는 편이다. | | | | | |
| 21 | 나는 친구들과 나의 감정에 대하여도 종종 대화를 통해 감정을 나눈다. | | | | | |
| 22 | 나는 친구들과 아주 터놓고 이야기를 잘 한다. | | | | | |
| 23 | 나는 내가 생각하고 느끼는 것을 다른 사람들에게 잘 이해시킨다. | | | | | |
| 24 | 나는 나의 느낌을 곧잘 행동이나 몸짓으로 나타낸다. | | | | | |
| 25 | 나는 친구들로부터 내가 자기들의 말을 잘 들어주는 친구라는 소리를 자주 듣는다. | | | | | |
| 합계 | | | | | | |

출처: 최은연(2004).

* 역채점 문항: 8, 16.

총득점 범위는 25점에서 125점으로 점수가 높을수록 의사소통 효율성이 높다.

## 〈활동지 7-2〉 불통과 소통의 차이

의사소통을 하는 데 있어 일상생활에서 불편한 점들의 예시는 다음과 같다.

- 휴대폰 화면을 보거나 문자 보내기
- 눈을 마주치지 않으면서 다른 곳을 보기
- 팔짱을 끼고 상대방을 마주하기
- 옷깃이나 단추, 머리카락 등을 만지기
- 가방의 물건을 부산하게 꺼냈다 넣었다 하기
- 대화 도중 낙서하기

자신의 의사소통과 관련되어 생활에서 일어날 수 있는 불통과 소통에 대해 이야기해 보세요.

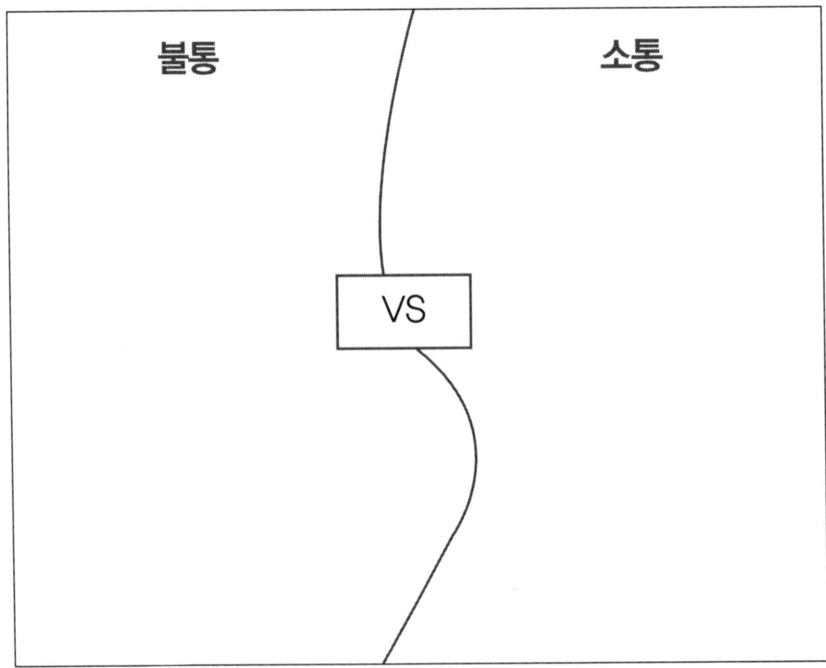

## 한 걸음 더

### 서희의 외교 담판

고려 성종 때 거란족의 침입이 있었지만 고려에서는 거란과 싸울 준비가 되어 있지 않았다. 거란의 1차 침입 때 고려조정의 신하들은 모두들 거란이 원하는 서경 이북의 땅을 떼어 주고, 서둘러서 사람을 보내 화평을 맺어야 한다고 했다. 그러나 거란의 침략 의도가 고려와 송나라의 관계를 끊는 데 있다는 것을 안 서희는 거란족의 장군 소손녕을 만나겠다고 자청했다. 소손녕은 서희에게 바닥에 엎드려 절을 하라고 했지만 서희는 당당하게 말했다. "나는 고려왕이 보낸 사신이니 사신으로 대우해 주시오."라고 말하며 효과적인 의사소통을 통한 설득으로 싸움 없이 오히려 영토를 얻어왔다.

서희는 국제 정세를 읽는 눈이 탁월하였고 효과적인 의사소통에 능한 외교관이었다. 그래서 고려는 전쟁으로 인한 국력 낭비와 백성들의 희생 없이 나라를 위기에서 구할 수 있었다.

**소손녕**: 그대의 나라가 신라 땅 위에 세워졌고, 고구려 땅은 우리 땅인데, 그대들이 조금씩 침식해 들어갔다.

**서 희**: 말도 안 되는 소리! 우리는 고구려를 계승한 나라다. 그래서 나라 이름을 고려라고 하고, 평양(서경)을 도읍지로 하였다.

**소손녕**: 그래? 그래도 우리 거란과 국경을 접하면서도 바다를 건너 우리의 적국인 송나라만을 섬기다니 참을 수 없다.

**서 희**: 국경을 접하다니! 그 지역은 여진족이 도적처럼 차지하고 있기 때문에 거란과 교류하지 못할 뿐이다. 만약 여진족을 내쫓고 다시 우리 땅으로 만들어 성을 쌓고 도로를 만든다면 거란과 교류하면서 지내겠다.

**소손녕**: 진짜인가? 그럼 싸울 필요 없이 압록강 부근의 땅을 고려에 주면 되겠군.

# 2. 나의 의사소통 유형

## 1) 나의 의사소통 유형 알아보기

우리는 같은 생각을 다르게 표현하기도 한다. 재미있게 표현하는 사람이 있는가 하면 정제된 언어로 상황만 이야기하는 사람도 있다. 또는 다른 사람을 탓하며 자신의 이야기를 한다든지 다른 사람에게 원하는 말만 하는 사람도 있다.

심리학자인 사티어(Virginia Satir)에 따르면 우리 내면의 깊은 곳에 잠재되어 있는 충족되지 못한 욕구와 기대를 표출하는 것이 정서적으로 건강하게 되는 것이라고 하였다.

사람의 마음은 의사소통을 통하여 표현되며 역기능은 언어적인 것과 비언어적인 것(속마음) 간의 불일치적인 의사소통에 의해 일어난다. 사티어는 사람이 선천적으로 선하며 잠재력을 개발할 수 있는 능력을 가지고 있고, 긍정적인 성장과 발전을 하는 데 필요한 모든 자원을 소유하고 있다고 믿었다. 그리고 인간의 성장과 정서, 자기가치를 강조하였으며, 의사소통 유형이 이러한 개인 성장에 영향을 미친다고 보았다

사티어가 말한 의사소통 유형은 다섯 가지로 모든 대화의 근본 메시지는 '나를 알아 주세요(validate me).'라는 것이다. 스트레스가 많을 때에는 자기를 방어하기 위해서 역기능적 의사소통이 나타날 수 있다. 역기능적 의사소통은 회유형, 비난형, 초이성형, 산만형으로 나타나며 적응적이고 기능적인 의사소통은 일치형의 형태로 나타난다.

다음은 사티어의 의사소통 다섯 가지 유형에 대한 설명과 의사소통 유형을 구별하기 위한 사례다. 새벽에 귀가한 대학생 딸에게 아버지가 화를 내면서 야단칠 때 딸의 반응에 대해 살펴보기로 하겠다.

• **회유형**

(고개를 숙이고 손을 비비면서) 아빠, 제발 용서해 주세요. 제가 정말 정말 잘못했어요. 제가 시간을 잘 봤어야 했는데…… 모든 게 다 제 잘못이에요.

회유형은 상대방을 존중해야 한다는 생각에서 상대방이 말하면 무조건 동조하고 타인의 기분이나 비위를 맞춰 준다. 자신의 욕구 표현은 억제하고, 스스로의 가치를 인정하지 않으며, 자신을 인정해 줄 누군가를 찾아서 자기의 의미를 찾으려 한다.

• **비난형**

아빠가 이렇게 자꾸 야단치시니까 집에 들어오기 싫잖아요. 제가 늦게 들어오는 건 다 아빠 때문이라고요.

비난형은 완고하고, 독선적으로 다른 사람의 결점을 찾아내어 명령적으로 군림하려 한다. 남들이 인정하지 않더라도 스스로 높은 사람인 것처럼 행동해 우월성을 과시하려는 욕구가 크다. 주변 사람들로부터 사랑, 존경, 감사, 칭찬을 많이 들어야 만족해한다.

• **초이성형**

아빠, 이건 그냥 무조건 야단칠 일이 아니고요. 제가 왜 늦었는지에 대해 이성적으로 생각 좀 해 보세요.

초이성형은 매사를 합리적인 사고에 근거해 상황을 지나치게 따지고 감정을 드러내지 않는다. 기능적인 부분을 강조해서 실수를 인정하지 않고, 냉정하고, 차분하다. 하지만 내면은 상처받고 싶지 않아서 자기방어를 하는 모습이 외부에서는 이성적으로 비춰진다.

• **산만형**

(다른 곳을 쳐다보며) 이런, 아빠가 화나셨나 봐. 누가 아빠를 화나게 한 거예요?

산만형은 대인 간의 갈등 상황에서 마치 아무 문제가 없는 듯이 장난치거나 바보 같은 짓을 하며 공연히 바쁜 듯이 다른 일에 몰두한다. 초점 없는 말을 하고 위선적이며 문제 해결 능력이 결여되어 있다. 상황에 적절하게 반응하지 못하며, 목소리는 내용과 관계없이 단조롭고, 눈을 마주치지 않고, 대화와 전혀 관련 없는 사람처럼 행동하기도 한다.

• **일치형**

(아빠의 눈을 바라보면서) 늦어진다고 연락 드렸어야 했는데 시험 준비에 정신이 없어 깜빡했어요. 죄송해요. 저 기다리시느라 잠도 잘 못 주무셨죠?

가장 이상적인 의사소통 형태로 자존감이 높은 사람들에게서 나타나며, 음성은 소리 내는 말과 동작, 자신의 내부 심리 상태와 일치한다. 상대방과 편안하고 자유로운 관계를 가질 수 있다.

## 〈활동지 7-3〉 사티어 단어장

다음의 사티어 단어장에서 자신에게 해당되는 단어에 ○하고, 아래에 ○의 개수를 쓰세요

| 회피 | 비위 맞추기 | 비난 | 고함 지름 | 경직 | 감정 없음 | 과활동 | 부적절 | 수용 | 자존감 높음 |
|---|---|---|---|---|---|---|---|---|---|
| 예민 | 억눌린 분노 | 우월감 | 두려움 | 소속감 없음 | 차가움 | 창의적 | 집중 어려움 | 정직 | 책임감 |
| 걱정 | 너무 착함 | 지도력 | 약점 찾기 | 감정 회피 | 논리적 | 소외감 | 농담 | 자신감 | 개방적 |
| 의존 | 변명 | 충고 하기 | 화난 표정 | 판단 | 냉정 | 방해 | 주제 변경 | 존중 | 사랑 |
| 구걸 | 돌봄 | 자기 주장 | 지배 | 자기 방어 | 차분 | 딴청 피우기 | 주의 끌기 | 용서 | 생동적 |
| 상처 | 사과 하는 | 명령 | 내적 외로움 | 이성적 | 따지기 | 피상적 | 불안 | 객관적 | 능력 있음 |
| 공허 | 걱정 | 짜증 | 분개 | 지루함 | 진지 | 혼란 스러움 | 둔감 | 경청 | 균형적 |
| 1 | | 2 | | 3 | | 4 | | 5 | |
| | | | | | | | | | |

사티어 단어장에서 선택한 개수를 아래의 빈칸에 적고 가장 많은 개수에 해당하는 자신의 유형을 알아보세요.

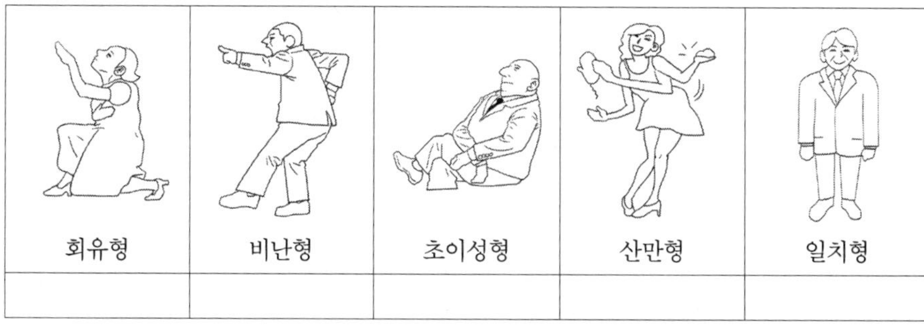

| 회유형 | 비난형 | 초이성형 | 산만형 | 일치형 |
|---|---|---|---|---|
| | | | | |

## 〈활동지 7-4〉 내가 보는 나, 남이 보는 나

내가 보는 나! 남이 보는 나?

1. 나의 의사소통 유형은 무엇일까요? 또 자신이 친구들, 주변사람들과 이야기하는 방식을 생각해 보세요. 그렇게 말하는 이유에 대해서도 써 보세요.

2. 친구들이나 팀원들에게 나의 의사소통 유형에 대해 이야기를 듣고 적어 보세요.

3. 내가 보는 나와 남이 보는 나는 어떤 차이가 있을까요?

이 장에서 알게 된 부분, 또는 정리를 하면서 느낀 점 등을 자유롭게 작성해 보세요.

학과: 학번: 이름:

제8장

# 나의 마음 전하기

일상생활에서 일어나는 여러 상황 중
나의 마음을 전달하는 I-Message와
'너 때문이야.'라고 생각하면서 말하는 You-Message에 대해
알고 연습할 수 있다.

## 들어가면서

일상생활에서 소소한 언쟁을 할 경우 상대방에게 의도와 다른 메시지를 줄 수도 있습니다. 아래의 상황에서 상대방의 이야기를 듣고 나라면 마음속으로 어떤 생각을 할까요?

네가 이러니까 엄마 마음이 아파.

나도 이런 거 문제지만 너도 문제야.

## 1. 일상 속의 나의 마음 전하기

사람들은 더불어 살아가면서 듣기 좋은 말만 하면서 살 수는 없다. 아무리 친밀한 사이라도 서로의 생각이 다를 수도 있고 오해를 하기도 한다. 이런 갈등 상황을 해결하기 위해서 우리는 좀 더 자신의 마음을 잘 전달하기 위해 노력해야 한다. 그러므로 상대방에게 불편한 말을 해야 하는 상황이 생겼을 때 다른 사람의 마음을 상하지 않고 정확하게 자신의 의사를 표현하는 방법에 대해 생각해 볼 필요가 있다. 이러한 방법들은 자연스럽게 알게 되는 것이 아니라 잘 생각해 보고 새로운 방법에 대해 배우는 노력이 필요하다. 그래야 자신이 원하는 의미를 잘 전달하여 자신의 욕구를 충족하고, 상대방과 질 좋은 관계를 촉진할 수 있다.

이야기를 나눌 때 주어 '너'를 사용하면 판단이나 경고, 비평처럼 들릴 수 있다. '너'로 시작하는 대화는 암묵적으로 이 상황의 책임은 너에게 있다는 의미를 가지고 있어서 듣는 사람의 입장에서는 다소 불편할 수 있다. 다음의 사례는 '너 때문이야.'라고 말하는 You-Message의 사례다.

언니: 무슨 음악이 이렇게 시끄러워? 소리 줄여.

동생: 너 요즘 왜 그렇게 날카로운데?

언니: 너 건방지게 언니한테 너가 뭐야?

동생: 언니가 언니 노릇을 해야 대접을 하지! 왜 참견이야!

언니: 넌 도대체 애가 왜 그렇게 반항적이니! 너 혼자 사는 집도 아닌데!

동생: 너나 잘 하세요! 너 그러다 시집도 못 가.

이 사례와 같이 '너'로 시작하는 대화는 명령하거나 위협하는 느낌을 주고 다른 사람의 마음을 상하게 하여 나의 진심을 전달할 수 없게 한다.

그러나 나의 마음을 전하는 I-Message 대화는 '나'를 주어로 하여 상대방의 행동을 가치 판단 없이 그대로 보여 주면서 나의 생각이나 감정을 표현하는 것이다.

I-Message는 상대방에게 나의 입장과 감정을 그대로 전달하며 상호 이해를 높이고, 개방적이고 솔직하다는 느낌을 전달한다. 또한 상대는 자발적으로 문제를 해결하고자 하는 의도를 가질 수 있다.

〈표 8-1〉 마음 전하기(I-Message)의 구성 요소

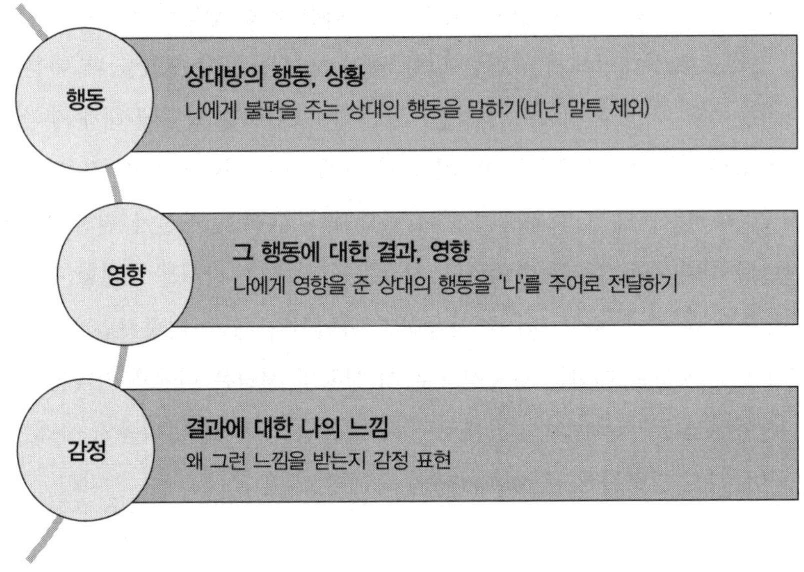


마음 전하기의 구성 요소는 행동, 영향, 감정으로 이루어져 있다. 예시의 상황에서 구성 요소를 보면 다음과 같다.

예시 ① 음악 소리가 클 때

행동: 네가 음악을 그렇게 크게 틀어 놓으면

영향: 내가 시험 공부를 할 수가 없어서

감정: 화가 나는 것을 누를 수가 없어.

예시 ② 영화관에서

행동: 앞에 있는 제 의자를 발로 쳐서

영향: 제가 깜짝깜짝 놀라고, 영화에 집중할 수 없어서

감정: 짜증이 나요.

어떻게 표현하느냐에 따라 이야기를 듣는 상대의 마음은 상당히 다를 것이다. I-Message는 상대를 비난하는 것이 아니라 나의 입장을 이야기하기 때문에 치우친 감정보다는 서로를 더 잘 이해할 수 있게 된다. 대화를 시작하면서 처음에 생각과 달리 말이 거칠어지고 강해지는 경우에 I-Message를 사용하면 한 방향으로 치닫던 감정에 제동장치를 거는 효과가 있어서 대화가 언쟁이 되는 것을 막을 수 있다. 따라서 문제 해결이 순조로워지고, 원활한 관계를 유지할 수 있다.

## 〈활동지 8-1〉 I-Message의 장점

1. 나의 마음 전하기(I-Message)의 좋은 점을 적어 보세요.

2. 일상생활에서 I-Message를 잘 사용하지 못하는 이유에 대해서 생각해 보세요.

## 〈활동지 8-2〉 I-Message 실습

아래 사례는 우리가 일상에서 경험할 수 있는 갈등 상황의 대화 내용입니다. 앞에서 배운 과정대로 나의 마음 전달하기를 적어 보세요.

A: 아니, 왜 내 사물함을 열고 그래!
B: 네가 빌려간 책 찾으려고 했는데, 왜?!
A: 넌 왜 주인에게 말도 안 하고 뒤지니?
B: 네가 빌려갔으면 빨리 돌려줘야지!
A: 넌 지난번에도 네 마음대로 내 물건 뒤지더라.
B: 너한테 물건 함부로 빌려 주지도 못하겠다. 적반하장이다!

## 〈활동지 8-3〉 나-전달법 편지쓰기

나의 주변 사람들 중 진심이 전달되지 않았거나 오해의 경험이 있는 사람을 선정해서 내 마음을 전하는 편지를 써 보세요.

이 장에서 알게 된 부분, 또는 정리를 하면서 느낀 점 등을 자유롭게 작성해 보세요.

학과: 학번: 이름:

제9장

# 소통의 기술

원활한 의사소통을 위해서 다양한 소통의 기술을 배울 수 있다.

## 들어가면서

다른 사람들과 관계를 맺을 때 나의 마음을 전달하기 어려워서 난감한 경우가 종종 있다. 상황에 대한 이해는 하지만 익숙하지 않아서 잘 표현하기 어려웠던 적도 있고 때로는 방법을 몰라 답답한 때도 있다.

마음을 전달하기 어려웠던 경험을 생각하고 상황과 이유를 적어 보세요.

우리는 원활한 의사소통을 하기 위해 필요한 기술을 습득해야 한다는 것을 앞에서 배워왔다. 살아가면서 사람들 사이에서 도움을 주고받거나, 미안함과 고마움을 표현하는 방법 등 나의 마음을 잘 표현할 수 있는 관계의 의사소통 기술이 필요하다. 이러한 관계의 기술은 대인관계에서 상대방을 존중하고, 자신을 지키는 방법으로 사용될 수 있다.

## 1. 도움이 필요할 때: 부탁, 거절

### 1) 부탁이란

우리는 살아가는 동안 혼자서는 살아갈 수 없다. 그래서 누군가에게는 어렵고 겸연쩍지만 부탁이라는 것을 하는 경우가 종종 있다. 부탁은 다른 사람에게 도움을 요청하는 것으로 가까운 사이라고 하더라도 결코 쉬운 일은 아니다.

현대사회는 전통사회와는 다르게 하는 일이 점점 더 전문화되어 각각의 역할을 분업화시켜 나가고 있다. 그래서 어려운 일이 생겼을 때는 혼자의 힘으로 해결하는 것은 쉽지 않다. 그러므로 다른 사람에게 부탁하고 요청하는 일은 현대사회의 중요한 대인관계 기술이라고 할 수 있다.

원만한 대인관계를 위해서라면 부탁하는 기술이 필요한데, 우리가 다른 사람에게 쉽게 부탁하지 못하는 이유는 거절에 대한 두려움과 나 자신에 대한 부족함을 확인하는 상황이 일어나기 때문이다. 하지만 부탁을 잘 한다면 혼자서 일을 처리하는 것보다 능률적이고 좋은 성과를 얻을 수도 있다.

**부탁하면 좋은 점**

- 혼자 할 수 없는 어려운 일을 도움 받을 수 있다.
- 도움 받는 사람이나 도움을 주는 사람 모두 능력의 확장과 효능감을 느낄 수 있다.

- 자신의 부족한 부분을 채우고 발전시킬 수 있다.
- 불편한 상황을 중단시키고 더 좋은 방법으로 나아갈 수 있게 한다.

부탁하는 마음가짐

- 상대가 나의 부탁을 들어줄 수 있는 상황인지 살핀다.
- 상대의 형편을 물으며 공감을 표현한다.
- 부탁의 내용은 간단하고 구체적으로 한다.
- 부탁한 이유를 강조해 상대에게 도움이 필요하다는 것을 알게 한다.
- 명령, 비난보다는 '나-전달법'을 사용한다.
- 상대방에게 부탁에 대한 대답을 생각할 시간적 여유를 준다.
- 상대방이 부탁을 들어줄 때는 반드시 감사의 인사를 한다.
- 상대방의 거절에 대해 인정한다.
- 거절의 이유를 묻고 다시 부탁해 본다.
- 거절한다면 수용하고 다른 방법을 찾는다.

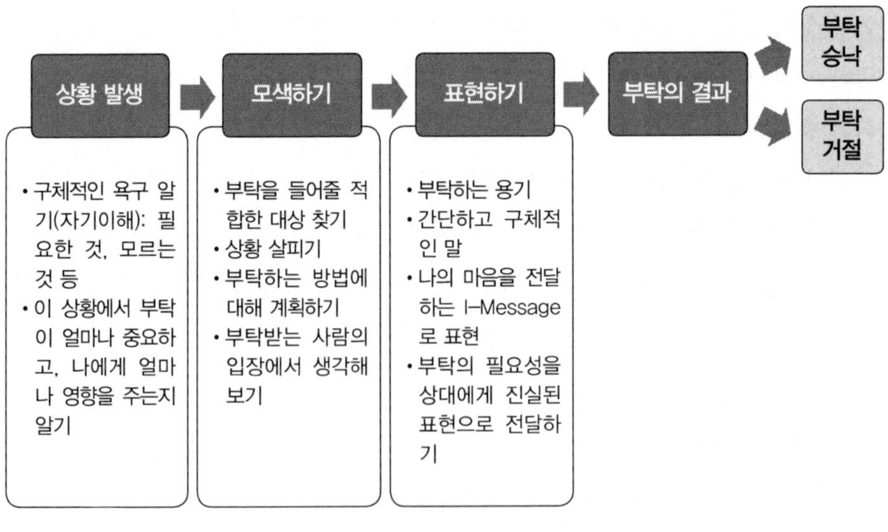


[그림 9-1] 부탁의 과정

부탁할 때에는 내가 지금 필요한 것과 불편 사항이 무엇인지, 이러한 상황이 나에게 어떤 영향을 주는지 등, 자기에 대한 깊이 있는 이해를 해야만 그러한 마음을 상대방에게 진실되게 표현할 수 있고, 부탁을 통해 도움을 받음으로써 나의 욕구를 충족할 수 있다. 부탁을 잘 하면 설령 거절을 당하더라도 상대방에게 나를 알릴 수 있는 기회를 가져 서로 이해하게 되는 경험을 할 수 있다. 부모와 자녀 간에도 자녀가 갖고 싶은 장난감이 있음을 표현할 때 사 주지 못한다고 하더라도 자녀의 욕구를 부모가 알게 되는 기회가 될 수 있다.

## 〈활동지 9-1〉 부탁하기 연습

우리는 다른 사람에게 도움을 줄 수도 있고 도움을 받을 수도 있습니다. 부탁하는 방법에 대해 숙지하고 부탁하기를 연습해 보세요.

| 상황 | 방법 |
|---|---|
| 친구가 아끼는 물건 빌려 달라고 부탁하기 | |
| 쇼핑 같이 가자고 부탁하기 | |
| 돈 빌려 달라고 부탁하기 | |
| 과제물 함께 하자고 부탁하기 | |

## 〈활동지 9-2〉 나만의 부탁 전략

내가 부탁하는 방법 중에서 성공했던 방법과 내가 자주 쓰는 방법을 찾아보세요.

다른 사람들과 전략을 공유하고, 새로운 방법을 찾아보세요.

### 2) 거절이란

현대사회는 복잡하고 고도화된 전문성으로 인해 혼자 모든 일을 할 수 없으므로 도움을 구하는 다른 사람들로부터 많은 부탁을 받기 마련이다. 하지만 상황이 여의치 않아 도움을 주기 어려워서 거절해야 하는 상황들도 있다. 이때 가장 중요한 것은 자신의 의지로 거절하는 마음을 잘 표현하는 것이다. 그러나 우리는 관계가 깨질까 봐 혹은 상대방의 사정이 딱해서 연민이나 동정의 마음이 생겨 거절하기가 어렵다. 이러한 마음으로 부탁을 수용하는 것은 결과적으로 상대방이나 자신에게 도움이 되지 않는다. 자신을 잘 보호하기 위해서는 무리한 부탁을 들어주거나 상대방과 관계가 훼손될까 하는 두려움보다는 당당히 아니라고 말할 수 있는 거절의 방법을 고려해 봐야 한다.

**거절하지 못하는 이유**

- 불편한 관계가 될까 우려해서
- 나보다 다른 사람의 만족에 관심을 가지며 실망시키고 싶지 않아서
- 심리적인 상실감, 죄책감 때문에

**거절해야 하는 상황**

- 다른 사람의 부탁이나 요청이 자신의 원칙이나 자존심에 위배될 때
- 다른 사람의 요청이 마음에 내키지 않을 때
- 상대방이 무리하고 부당한 요구를 할 때

**거절하는 방법**

- 부탁을 하는 상대의 상황을 충분히 이해하고 공감하며 함께 걱정해 준다.
- 거절해야 한다면 나의 상황을 판단하고, 거절의 이유를 명확히 알려 준다. 적당한 거절의 이유가 생각나지 않는다면 결정을 보류할 수 있다.
- 상대방의 부탁 내용을 다시 요약 정리해 말하는 것으로 상대의 부탁을 잘 이

해하고 있음을 표현한다.

- 상대의 입장에서 나를 이해할 수 있게 말한다.
- 부드럽지만 확실한 거절 의사를 보여서 상황을 애매하게 만들지 않는다.
- 상대방에게 부탁 대신에 다른 대안을 제시해 본다.
- 대화를 정리하면서도 상대의 입장을 다시 한 번 공감해 준다.

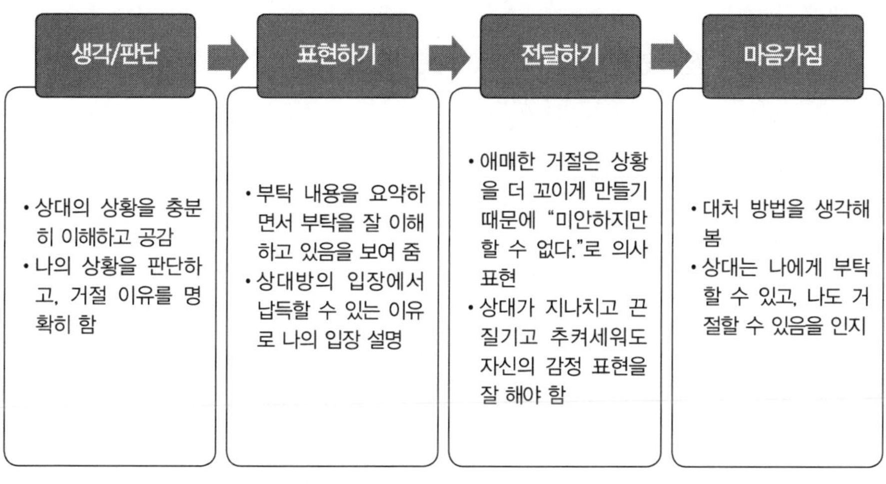


**[그림 9-2] 거절의 과정**

## 〈활동지 9-3〉 거절하기 연습

거절하기는 사람들과의 관계에서 쉽지 않다. 하지만 자신을 보호하기 위해서, 또 상대를 위해서라도 어려운 부탁을 거절할 수 있어야 한다.

1. 거절하기 힘들었던 경험을 적어 보세요.

2. 거절하기 힘들었던 이유를 생각해 보세요.

## 2. 갈등이 생겼을 때: 주장, 설득

### 1) 주장이란

상대방의 기분 상하게 하지 않고 피해를 주지 않으면서 자신을 표현하는 것이 주장이라 할 수 있다. 이는 사회적으로 통용되는 방법으로 자신의 생각, 느낌, 의견을 정직하게 표현하는 행위로 상대방에게 복종하는 것이 아니라, 상대방을 이해하고 있는 공감적 요소를 내포하고 있다.

주장은 대인관계에서 느끼는 여러 가지 생각이나 감정을 적절한 방식으로 표현하여 자신의 의사를 분명하게 전달하는 데 도움이 된다. 하지만 불쾌한 감정이나 분노를 적재적소에 말하지 못하면 대인관계 형성에 어려움을 느끼게 되고 이는 결국 개인의 정신건강을 위협할 수 있다.

**주장의 효과**

- 긍정적 감정과 부정적 감정을 표현하는 능력 향상
- 대인관계에서 발생하는 문제를 해결하는 방법으로 활용
- 질 높은 대인관계 유지
- 스트레스 대응 능력 향상
- 사회생활에 대한 긍정적인 태도 향상
- 자존감 향상
- 정신건강 유지
- 자기성장 및 상호 성장을 도움

**주장하는 방법**

- 자신이 하고 싶은 말을 대화 초반에 한다.
- 마음에 없는 변명이나 과장보다는 솔직하게 말한다.

- 상대방에게 직접 말한다.
- 단호하고 또렷한 음성으로 알아들을 수 있는 크기로 말한다.
- 상대방과 적절한 거리를 유지한다.
- 말하기 전에 주저하지 않는다.
- 서두르지 않고, 말의 내용과 일치하는 표정을 짓는다.
- 말하는 동안 눈을 적절히 맞추고, 손발을 자연스럽게 행동한다.

## 〈활동지 9-4〉 자기주장

자기주장을 잘 하지 못했던 상황과 그 이유를 생각해 보세요.

1. 누구와 있었던 일인가요?

2. 대화 주제는 무엇이었나요?

3. 상대방의 입장은 무엇이었나요?

4. 내가 말하고 싶었던 내용은 무엇인가요?

5. 말하지 못했던 이유는 무엇인가요?

6. 지금이 그 상황이라면 어떻게 할까요?

## 2) 설득이란

말을 듣는 사람이 상대방의 말을 듣고 이해하여, 수용함으로써 스스로 변화를 선택하도록 하는 것을 설득이라고 한다. 대부분의 의사소통은 다분히 설득적인 요소를 가지고 있다. 설득은 듣는 사람이 나의 의견에 공감하도록 이유를 덧붙여 말하는 것이고, 듣는 사람이 나의 입장이 되게 만드는 것이다.

설득의 메시지에는 주장이 담겨 있으며 근거도 포함한다. 이는 상대방에게 무언가를 요구하는 말하기이므로 인간관계의 측면에 주의를 기울여야 한다.

설득은 다른 사람을 변화시키려는 목적을 갖고 있다. 따라서 설득을 잘 하기 위해서는 효과적인 방법으로 설득의 기본이 되는 원리를 알고 있어야 한다. 첫째는 상호성의 원리로, 자신의 일방적인 주장보다는 서로가 계속 대화하여 메시지를 만들어 가야 하므로 상대방과 함께해야 한다는 것이다. 둘째는 공손성의 원리로, 상호성의 원리를 토대로 말하는 사람과 듣는 사람 간의 대립을 최소화하고 원만한 교류와 상호작용을 하는 것이다. 셋째는 일관성의 원리로, 설득하고자 하는 메시지와 관련되어 있다.

#### 설득하는 방법

- 긍정적인 메시지와 진심을 담아 전달하여 상대방의 공감을 이끈다.
- 원하는 바를 체계적이고 간결하게 표현한다.
- 상대를 설득시키기 위해 자신의 강점을 활용한다.
- 말하는 사람은 듣는 사람의 입장에서 이해한다.

## 〈활동지 9-5〉 설득하기 연습

설득하는 방법에 대해 숙지하고 설득하기를 연습해 보세요.

| 상황 | 방법 |
| --- | --- |
| 친구와 음식 메뉴를 고를 때 | |
| 자신이 경험한 상황의 예 | |

## 3. 어려운 일을 당했을 때: 위로, 격려

### 1) 위로란

부정적인 정서를 마주할 때는 혼자서 감당하기에 어려운 일들이 생길 수 있다. 자신이 이제까지 경험해 보지 않았던 일들이 생겨 정신적 충격, 우울감, 불안 등이 밀려온다면 스스로 상황을 극복해 나가기는 매우 어렵다. 이때 우리는 다른 사람들로부터 들었던 따뜻한 말이나 고마운 행동을 통해 우리 마음의 괴로움이나 슬픔을 잊게 되는 경험을 하게 되는데 이것을 위로라고 할 수 있다. 우리들에게 위로는 말, 행동, 배려 받는 마음, 음식 등 다양한 형태로 위로를 받고 또 위로해 줄 수 있을 것이다.

요즘은 급박한 사건, 사고들에 의해 많은 피해들이 자주 발생하게 된다. 이때 체계적인 처리과정을 통해 슬픔에 잠긴 사람들을 위로하는 방법도 중요하지만, 손을 잡아주는 것만으로도 큰 위로가 된다. 이것은 사람들과 소통하는 진정한 방법 중의 하나가 따뜻한 위로이기 때문이다.

## 〈활동지 9-6〉 위로하기와 위로받기

1. 지금 생각나는 사람들 중 위로가 필요한 사람은 누구인가요?

2. 내가 옆에 있다면 해 주고 싶은 말은 무엇인가요?

3. 내가 받은 위로 중에 가장 생각나는 상황이나 말은 무엇인가요?

4. 말이 아니어도 위로가 되는 것들에는 어떤 것이 있을까요?

### 2) 격려란

어린 시절 선생님이나 의미 있는 타인으로부터 받은 칭찬과 격려의 한마디는 인생을 바꾸는 계기가 되기도 하고, 자신이 성장하는 밑바탕이 된다. 격려의 말 속에는 용기라는 의미가 들어 있어 결국 격려는 용기를 주는 것이다. 격려는 상대방이 자신의 가치와 강점을 알 수 있게 도와주는 것이며 이를 통해 다른 사람의 평가나 승인에 의존하지 않고 자신이 결정하고 선택할 수 있는 힘을 가지고 있다는 것을 깨닫게 하는 것이다. 격려는 부정적인 측면을 부인하며 힘들어하는 것이 아니라 긍정적인 면과 부정적인 면을 모두 고려해 의식적으로 긍정적인 면을 바라볼 수 있도록 도움을 줄 수 있다.

**격려의 특징**

- 있는 그대로 사람들을 존중하고 능력을 발휘할 것이라는 기대와 믿음을 보여 준다.
- 노력을 가치 있는 것으로 인식한다.
- 성공을 위한 경험과 지식에 초점을 맞추고 체계적인 대처 기술 등과 태도 개발을 돕는다.
- 개인이 더욱 발전할 수 있도록 흥미와 강점을 활용한다.
- 과거나 미래보다는 현재에 초점을 맞춘다.
- 올바르지 않은 행동보다 올바른 행동을 더 강조한다.
- 외적동기(보상, 처벌)보다 내적동기(만족, 즐김, 도전)가 표현된다.

## 〈활동지 9-7〉 격려와 낙담

격려와 낙담은 반대되는 뜻의 단어입니다. 격려가 용기를 준다는 것을 토대로, 반대어인 낙담에 대해서 팀원들과 함께 정의를 내려 구별해 보세요.

격려는 ______________________ 이다.

격려는 ______________________ 이다.

격려는 ______________________ 이다.

격려는 ______________________ 이다.

격려는 ______________________ 이다.

낙담은 ______________________ 이다.

낙담은 ______________________ 이다.

낙담은 ______________________ 이다.

낙담은 ______________________ 이다.

낙담은 ______________________ 이다.

## 4. 잘못을 인정할 때: 사과, 용서

### 1) 사과란

사람들과 만나고 이야기하다 보면 실수를 할 수 있다. 이때 진심을 담아서 사과를 한다면 그 관계는 더욱 성숙해질 것이다. 그저 말로 "죄송합니다." 정도에 그치는 것이 아니라 구체적으로 실수에 대해 사과하고, 무엇을 반성하는지에 대해 분명히 밝히는 것이 좋다.

우리나라 사람들은 감정 표현이 서툴고 미숙하다 보니 사과해야 할 일도 속으로만 생각하고 표현하지 않는 경우가 있다. 이런 경우 자신의 의도와는 상관없이 상대방에게 더 피해를 주거나 또는 잘못하고도 모르는 경우가 있을 수 있어 본의 아니게 손해를 볼 수도 있다. 스스로 잘못했다고 말하는 것을 사과라 한다면 진심을 담아 사과를 할 수 있는 습관을 기르는 것이 중요하다.

#### 사과하는 방법

- 무엇을 잘못했는지 핵심을 정확하게 표현한다.
- 잘못을 인정하고 즉시 자발적으로 사과한다.
- 자신의 잘못을 스스로 합리화하지 말고, 다른 사람의 입장에서 생각해 본다.
- 명료한 목소리와 공손한 언어로 표현한다.
- 자신의 진심이 잘 표현되도록 언어와 행동을 일치시킨다.

## 〈활동지 9-8〉 사과에 필요한 것

1. 사과가 잘 받아들여진 경우는 어떤 경우인가요?

2. 사과를 잘 하기 위해서 필요한 것은 무엇일까요?

3. '사과'와 관련된 에피소드를 역할극으로 만들어 발표해 보세요.

### 2) 용서란

용서는 사람들 사이에서 일어나는 흔한 갈등 관계에서 나아가 발전된 관계로 나아갈 수 있는 과정 중의 하나다. 용서를 통해 개인이 부당하게 입은 마음의 상처를 치료하여 건강과 행복을 증진시켜 줄 수 있다. 진정한 용서는 해묵은 감정이 해소되고, 관계의 질이 높아져 인간관계를 회복시켜 줄 뿐만 아니라 종교, 지역, 국가 간에 일어나는 갈등을 중재하고 치료할 수 있다. 이는 높은 수준의 도덕적 행위이며 대부분의 사람들로부터 선한 행위로 간주되기 때문에 용서는 자신을 더 자비롭고 더 도덕적인 사람으로 인식하게 해 준다. 콜버그(Lawrence Kohlberg)의 도덕성 발달 단계를 비교할 때 성숙한 용서는 비슷한 수준의 도덕성이 기반이 되어야 실행 가능하다고 인식된다. 용서는 부정적인 감정의 해소를 통해 자아개념에 긍정적 영향을 끼칠 수 있다.

우리의 주변에서 내가 용서를 구해야 할 대상이 있다면 누구일까? 또는 누군가가 나에게 용서를 구한다면 어떻게 해야 할까? 용서는 처음에는 상대를 용서하는 것 같지만 결국은 응어리진 내 마음을 용서하는 것이다.

## 〈활동지 9-9〉 용서

1. 용서의 상황을 가로막는 나의 마음을 찾아보세요.

2. 용서의 경험을 찾아 보세요.

3. 용서를 하고 난 후 나의 마음은 어떠했나요?

## 5. 고마움을 전할 때: 감사

### 1) 감사란

감사는 고마움을 표현하는 말로 사람들의 행복 수준을 높이는 데 있어서 중요한 것이다. 감사는 긍정적인 마음을 갖게 하여 가정이나 직업에 대한 만족감과 기쁨을 증가시킴으로써 자부심과 자신감을 높이고, 변화나 위기에 대한 대처능력을 증진시킨다. 또한 스트레스를 완화시켜 면역계를 강화하고 삶의 에너지를 높이며 촉진할 수 있다. 감사를 잘하는 것은 관계를 원활하게 만들어 인간관계를 향상시키고, 원하는 인간관계를 만들어 갈 수 있다. 그러므로 감사는 개인의 삶을 풍요롭게 하고 인간관계를 성공으로 이끄는 힘이 있다.

**감사와 행복의 관계**

- 감사하게 생각하면 삶의 긍정적인 경험을 음미할 수 있다.
- 감사를 표현하면 자기 가치와 자존감이 강화된다.
- 감사는 스트레스와 정신적 외상에 대처하는 데 도움이 된다.
- 감사의 표현은 도덕적인 행동을 촉진한다.
- 감사는 사회적인 유대를 쌓고 기존의 관계를 강화하고 새로운 관계를 맺는 데 도움이 된다.
- 감사를 표현하면 다른 사람과의 비교를 하지 않는다.
- 감사의 실천은 부정적인 감정과 공존하기 어렵기 때문에 긍정적인 감정을 강화시킨다.

## 〈활동지 9-10〉 감사할 것

주변에는 감사할 일들이 많이 있습니다. 감사해야 하는 일들을 찾아보세요.

## 〈활동지 9-11〉 감사하는 방법

자신의 주변에 감사의 말을 전할 분을 정하세요. 그리고 감사하고 싶은 내용을 선정해서 진심을 담아 편지를 써 보세요.

이 장에서 알게 된 부분, 또는 정리를 하면서 느낀 점 등을 자유롭게 작성해 보세요.

학과: 학번: 이름:

제10장

# 일상에서의 공감과 소통

일상에서 실질적인 기술의 적용이 가능한지 자신의 경험을 통해 알아 보고 자신만의 방법을 토대로 생각해 보며 연습할 수 있다.

## 들어가면서

이전 장에서 소개되었던 다양한 소통의 기술 중에서 자신이 최근 사용한 것들은 어떤 것이 있었는지 생각해 보자. 이미 배우기 전에도 사용했을 수 있으며 자신의 주변 인물들 중에는 소통의 기술을 매우 잘 사용하는 사람이 있을 수 있다.

소통의 기술을 사용하면서 경험한 것을 적어보세요.

우리는 앞서 대인관계에 필요한 다양한 기술을 배웠다. 감정의 이해부터 자신의 마음을 전하는 방법, 그동안 하기 어려웠고 익숙하지 않았던 상황에 맞서 써야 하는 소통의 기술까지 다루어 봤다. 인간의 의사소통은 주로 언어로 표현되기 때문에 상대방의 이야기를 잘 듣고 그 속에 담긴 뜻을 확인하며 그 마음에 공명하는 반응을 보내면서 공감적인 의사소통이 이루어진다.

우리는 다양한 기술을 통해 일상생활에서 좋은 관계를 맺으려고 공감적 소통을 하기 위해 노력한다. 사람은 누군가 가르치려 들면 반발하지만 내 마음을 알아주고 공감해 주면 어느새 마음이 편해지면서 관계의 다음 단계로 나아갈 수 있게 된다. 나의 마음을 알아주는 사람이 있다는 것은 외롭게 고군분투하지 않고 험난한 세상을 헤쳐 나갈 수 있는 힘을 얻게 되는 것이다. 그러므로 인간관계를 이끄는 최고의 선물은 공감해 주는 것이고, 공감의 대상이 되어 스스로의 문제를 해결하는 데 에너지를 쏟도록 도와주는 것이다. 공감은 사람을 변화시킨다. "그랬구나! 그럴 수 있겠다." "네 입장에서 화가 났겠다." "많이 슬펐겠구나." "참 힘들었겠다."와 같은 간단한 표현으로 우리는 쉽게 공감을 해줄 수 있다. 또 대화를 같이하던 친구가 말하던 도중 단어가 생각나지 않으면 필요한 단어를 대신 말해 줄 수도 있고, 내 마음에 진심으로 와 닿으면 눈빛으로 동의를 보내기도 하고, 상대방의 말이 맞는다는 의미로 고개를 끄덕이거나, 박수를 친다든지 하는 행동으로 일상생활에서 공감과 소통의 관계를 경험할 수 있게 한다.

공감과 소통은 단지 기술적인 측면만 드러난다고 해서 되는 것이 아니다. 진심에서 우러나오는 말과 행동으로 상대를 존중하고 서로의 관계를 중요하게 생각하는 우리의 마음이 상대에게 전해질 때 비로소 마음이 교류된 느낌을 알게 될 것이다.

사람은 완벽한 존재가 될 수 없다. 조금은 부족하고, 조금은 불완전한 존재로 살아가는 동안, 사람들과 관계를 맺고 살아가면서 위로와 격려, 관심으로 마음이 따뜻해질 수 있다. 이러한 경험을 통해 위로받을 수 있고 그 따뜻한 마음을 다른 사람에게 나누는 사람이 되는 것이다.

이제 우리는 자신의 생활 속에서 또는 주위에서 일어나는 공감적 소통의 경험들을 찾아 내가 살아가는 데 힘이 될 수 있는 자원으로 만들어 보자.

## 〈활동지 10-1〉 내 주변의 인물

우리 주변에는 나를 가장 많이 이해해 주는 사람이 있을 것입니다. 그런 사람을 생각해 보고 나의 어떤 면을 이해해 주었는지 적어 보세요.

## 〈활동지 10-2〉 나의 멘토 찾아보기

공감과 소통이 잘 되는 사람들이 있는지 주변에서 찾아보세요. 그들은 대인관계에서 어떤 방법을 이용하는지 적어 보세요.

1. 공감과 소통이 잘 되는 사람은 누구인가요?

2. 우리가 배웠던 기술과 그 사람의 공통점은 무엇인가요?

3. 내가 그 사람을 모방한다면 어떤 것을 표현할 건가요?

## 〈활동지 10-3〉 이슈 찾아보기

1. 매스컴에서 회자되고 있는 다양한 정보 중에 공감과 소통이 잘 이루어진 사례를 팀원들과 함께 찾아보세요.

2. 자신이 찾은 이슈에 대해 지난 시간까지 배웠던 방법들을 어떻게 사용하고 있는지 구별해 보세요.

3. 내용을 정리하고, 내용의 긍정적인 측면을 정리해 보세요.

## 〈활동 10-4〉 공감 내용 찾기

### 영화나 노래에서

영화와 노래에서 공감과 소통을 할 수 있었던 사례를 팀원들과 함께 찾아 보세요.

1. 생각나는 영화나 노래는 어떤 것인가요?

2. 공감과 소통이 잘 된다는 것은 무엇인지에 대해 써 보세요.

3. 사람들이 좋아하는 영화나 노래는 어떤 식으로 공감을 이루고 있나요?

4. 팀원들과 나눈 이야기를 토대로 느낀 점을 적어 보세요.

이 장에서 알게 된 부분, 또는 정리를 하면서 느낀 점 등을 자유롭게 작성해 보세요.

학과: 학번: 이름:

| 제4부 |

# 공감과 소통의 어울림

누군가와 서로 공감할 때
사람과 사람과의 관계는
보다 깊어져 갈 수 있다.

- Osho Rajneesh -

다른 사람들과 깊이 있는 만남을 위해서는
상대방을 공감하는 능력이 필요하다.
공감을 통한 소통으로 아름다운 관계는
이루어지고 유지되는 것이다.

제11장

# 우리는 어떻게 소통하는가

우리는 현대사회 속에서 다양한 방법으로 소통을 하고 있다.
우리의 주변에서 쉽게 발견하고 접근할 수 있으며 생활 곳곳에서
우리와 함께 하는 소통의 표현에는 어떠한 것들이 있는지 알아볼 수 있다.

## 들어가면서

### 우리의 소통 방법은?

현대사회에서 소통의 방법은 매우 다양해지고 있으며 변화되는 속도가 빠르다. 우리가 주로 사용하는 다양한 소통방법에는 어떤 것들이 있는지 알아보자.

우리가 사용하고 있는 소통의 방법을 마인드맵으로 만들어 보세요.

우리는 인생을 살면서 많은 사람을 만난다. 나와 가까운 가족부터 거리가 먼 사람들까지 무수히 많은 사람을 만나 그들이 이루어 놓은 곳에서 숨 쉬고 어울리며 생활하고 있다. 우리가 살아가는 공간은 여러 사람이 공감과 소통으로 이루어낸 공간이며 이는 역사를 거쳐 발전하고 이루어진 것으로 현재 내가 그 가운데서 살아가고 있는 것이다. 그러므로 우리는 태어나는 그 순간부터 의도하지 않아도 사람들과 연결되어 소통하고 있다.

우리가 사용하고 있는 소통은 사람들과 어울리며 직접적으로 의사 전달하는 것과 공통의 목표가 있는 사람들끼리 모임을 만들어 관계하는 것, 그리고 공감으로 파급되어 시간과 공간의 제약 없이 다른 사람의 경험을 간접적으로 느끼는 방법이 있다. 이를 구체적으로 살펴보면 다음과 같다.

첫째, 예로부터 사람들은 자신의 의사를 전달하기 위해서 대화, 편지, 전보 등을 사용하였지만 산업 기술의 발달로 인하여 전자우편, 휴대전화, SNS(Social Networking Service) 등으로 소식을 전하고 있다. 특히 미디어의 발달로 인하여 즉각적으로 자신의 의사 전달을 하고 답을 얻을 수 있는 SNS는 빠르고 사용하기 쉬운 방법으로 정보를 주고받을 수 있기 때문에 파급 효과가 크지만 무책임한 일방적인 소통이 될 수 있는 단점도 가지고 있다.

둘째, 공통의 관심사나 목표를 가진 사람들이 모임을 만들기도 한다. 이러한 동호회는 자원봉사, 취미, 정치, 종교 등의 여러 목적과 관심사에 따라 다양한 형태로 만들어지고 흔히 학교, 지역, 기업, 인터넷 커뮤니티 등의 단위로 구성된다. 우리는 이러한 활동을 통해 자신이 좋아하고 즐겨하는 것에 대해 다른 사람들과 소통을 하며 동질감을 얻는다. 이러한 동질감은 자발적으로 활동하게 되는 원동력이 되어 개인의 즐거움을 우리 또는 단체로 파급시키는 큰 효과로 나타나 즐거움과 행복감이 배가 되도록 한다.

셋째, 시간과 공간의 제약 없이 다른 사람의 경험을 간접적으로 느끼는 예술로 소통하는 방법이다. 톨스토이(Leo Tolstoy)는 '예술은 인류의 생활과 행복의 발걸음에 없어서는 안 될 인간 상호 간의 교류 수단이고 모든 사람을 동일한 감정으로 통일하는 수단'이라고 말했다.

우리는 뭉크의 〈절규〉를 보며 그림 속 주인공의 고통을 느끼고, 모차르트의 〈자장가〉를 들으면 편안한 느낌을 받는다. 또한 문학작품을 통해 상상력을 확장함으로서 다른 사람을 더 이해하고 가슴을 울리는 공명을 느끼게 된다. 우리는 미술작품과 음악을 감상하면서 시대를 초월한 감동을 다른 사람과 함께 느끼고, 몸으로 표현하는 무용을 보면서 아름다움에 전율을 느낀다. 또한 남녀노소를 막론하고 1980년대, 1990년대 세대들의 이야기인 드라마 〈응답하라〉 시리즈에 함께 공감하고 1977년에 처음 상영하여 대중문화의 한 줄기로 자리 잡은 영화 〈스타워즈〉 시리즈를 부모와 함께 보며 열광을 한다. 이는 세대를 초월한 감성의 울림으로 미디어를 통한 공감과 소통이라 할 수 있다. 이렇듯 예술은 시대를 초월하고 국적을 넘나드는 것으로 우리가 공감하고 소통하는 다양한 창구 중의 하나다. 이 밖에도 온라인 게임, 스포츠, 여행 등 다양한 소통의 방법들이 우리의 삶 속에 함께하고 있다.

우리가 지금까지 배워 왔던 다양한 소통의 방법을 구현하여 공감과 소통을 주

[그림 11-1] 뭉크 〈절규〉

제로 결과물을 만들면서 공감을 바탕으로 하는 소통에 대한 정의의 이해를 확고하게 정립할 수 있고 더 나아가 다른 사람들에게 알릴 수 있는 기회를 만들어 생활 속의 자연스러운 공감과 소통으로 확장시킬 수 있다. UCC 제작하기, 캠페인송 만들기, 포스터 제작하기의 조별 프로젝트 중에 알맞은 것을 선택하여 다른 사람들과 원활한 소통을 하며 프로젝트를 진행할 수 있다.

## 〈활동지 11-1〉 UCC 제작

UCC(User Creative Contents)는 사용자 제작 콘텐츠의 줄임말로 엄밀히 말하면 상업적인 의도를 모두 배제한, 사용자가 순수한 열정을 가지고 창작해 낸 콘텐츠를 말한다. 최근에는 사용자가 주체가 되어 만들고 참여해서 공유하는 의미로서 사용되고 있다. UCC는 기존의 영상물들과 달리 획일화되어 있지 않고 다양하고 개성이 있으며 쉽게 제작하고 보급할 수 있기 때문에 인터넷 문화의 중심에 자리 잡고 있다.

우리는 공감과 소통의 의미를 되새기면서 UCC를 제작하여 자신을 알릴 수 있고, 서로 협력하는 제작 과정을 통해 문제 해결을 하면서 다른 사람들과 서로에 대한 긍정적인 가치판단을 내릴 수 있다. 그러한 공동체적 판단으로 우리에 대한 이해의 폭이 넓어지고 연대감이 돈독해진다. 또한 제작한 UCC를 공모전에 내거나 유튜브 등에 올려 공감과 소통을 사회적으로 확산할 수 있다.

• 방법

① 조원들과 논의하여 활동 기획지와 스토리보드를 작성한다.

② 기획지와 스토리보드를 바탕으로 UCC를 촬영한다.

③ 효과 음향을 넣어서 촬영한 UCC를 편집한다.

④ UCC 제작 과정을 기록한다.

⑤ UCC 제작 과정을 소개한 후 UCC를 발표한다.

## 〈활동지 11-1-①〉 UCC 활동 기획 기록지

조 이름

• 공감과 소통에 관한 주제를 조별로 선정한다.

* 주제 선정하기 Tip: 주제는 일상생활에서나 평소에 어려웠던 일들이나 힘들었던 일을 공감과 소통으로 풀어 나가는 과정을 담거나 사회의 이슈를 공감과 소통으로 해결하는 것으로 선정할 수 있다.

1. 작품의 주제는 무엇인가요?

2. 주제 선정의 이유는 무엇인가요?

• 스토리를 완성하기 전에 상황을 미리 설정해 보고 다음을 구체적으로 생각해 본다.

1. 어떤 등장인물이 나오나요?

2. 어떤 문제(갈등) 상황이 발생하나요?

3. 갈등을 해결하기 위한 방법은 무엇인가요?

4. 결말이 어떻게 이루어지나요? 그리고 그 결말은 주제를 잘 나타내나요?

• 조원별로 조별 활동에서 맡게 될 역할을 분담한다.

| 역할 | 담당자 | 할 일 |
|---|---|---|
| 연출 | | |
| 시나리오 | | |
| 촬영 | | |
| 편집 | | |
| 연기자 | | |

## 〈활동지 11-1-②〉 UCC 스토리보드

조 이름

작품명

내용 요약

| 순서 | 비디오 | 대사/음향 | 자막이나 효과 |
|---|---|---|---|
| #1 | | | |
| #2 | | | |
| #3 | | | |

* 필요한 경우 칸을 늘려 사용하거나 준비 사항을 바꿀 수 있다.

## 〈활동지 11-1-③〉 UCC 제작 과정 기록지

조 이름

• UCC 제작을 위해 진행한 회의나 촬영 등의 진행 과정을 기록한다.

| 일정 | 참여자 | 과정 내용 |
|---|---|---|
| | | |
| | | |
| | | |
| | | |
| | | |
| | | |
| | | |

## 〈활동지 11-2〉 캠페인 송 만들기

캠페인 송(campaign song)은 나의 의도와 목적을 다른 사람들에게 전달하고자 듣는 사람의 감성에 호소하여 효과적으로 메시지 전달을 위해 사용되는 노래다. 공감과 소통의 광고 음악을 듣는 사람은 음률을 통해 공감과 소통의 메시지를 쉽게 기억할 수 있고 노래를 부르며 자신도 모르게 다른 사람에게 파급하는 효과를 얻을 수 있다. 우리는 배경음악을 선정한 후, 다른 사람들과 협력하여 공감과 소통의 메시지를 만들고 캠페인 송을 제작한 후 공연한다. 캠페인 송은 공감과 소통의 의미를 함축적으로 정의하여 사람들에게 의미 있는 메시지를 줄 수 있다.

• 방법

① 조원들과 논의하여 활동 기획지와 스토리보드를 작성한다.

② 배경음악을 정한다.

③ 가사와 배경음악을 맞추어 본다.

④ 캠페인 송의 취지를 소개한 후 발표한다.

## 〈활동지 11-2-①〉 캠페인 송 활동 기획 기록지

조 이름

• 공감과 소통에 관한 주제를 조별로 선정한다.

* 주제 선정하기 Tip: 다른 사람들로 하여금 공감과 소통의 필요성을 인식하게 하고 공감과 소통을 해야겠다는 마음을 이끌어 낼 수 있는 주제를 선정한다.

1. 작품의 주제는 무엇인가요?

2. 주제 선정의 이유는 무엇인가요?

작품명

• 배경음악(가요, 클래식, CM 송 등)을 선정한다.

배경음악

• 가사를 작성한다.

가사

• 캠페인 송을 완성하기 전에 주제에 맞는지 다음을 구체적으로 생각해 본다.

1. 공감과 소통의 주제를 반영한 가사인가요?

2. 배경음악은 가사와 어울리나요?

3. 쉽게 따라 할 수 있나요?

4. 기승전결이 있나요?

## 〈활동지 11-3〉 포스터 제작

포스터(poster)는 광고나 선전을 위한 매개체의 하나로 일정한 내용을 상징적인 그림과 간단한 글귀로 나타내어, 길거리나 사람의 눈에 많이 띄는 곳에 붙인다. 우리는 공감과 소통을 상징적으로 표현하는 작업을 통해 공감과 소통의 의미를 효과적으로 전달하고 강한 인상을 남길 수 있다. 특히 그림에 나타나는 상징들은 비언어적 요소가 강하므로 다른 사람들의 일반적인 정서와 공감을 더욱더 필요로 한다. 그러므로 포스터를 제작하는 동안 사람들을 공감과 소통으로 이끌어 내기 위한 노력이 수반되어야 한다. 포스터 제작 방법에는 그림으로 그리는 방법과 기존의 포스터를 응용하여 패러디 포스터를 만드는 방법이 있다.

• 그림으로 그리는 방법 ①

① 조원들과 논의하여 활동 기획지와 스토리보드를 작성한다.
② 기획지와 스토리보드를 바탕으로 포스터의 초안을 그린다.
③ 완성된 초안을 4절지에 그린다.
④ 포스터의 취지를 소개한 후 발표하고 벽에 붙여 감상한다.

• 패러디(parody) 방법 ②

① 조원들과 논의하여 활동 기획지와 스토리보드를 작성한다.
② 패러디할 포스터를 선정한다.
③ 선정한 포스터를 패러디하는 편집 작업을 한다.
④ 포스터를 인쇄한다.
⑤ 포스터의 취지를 소개한 후 발표하고 벽에 붙여 감상한다.

## 〈활동지 11-3-①〉 포스터 활동 기획 기록지

조 이름

• 공감과 소통에 관한 주제를 조별로 선정한다.

* 주제 선정하기 Tip: 다른 사람들로 하여금 공감과 소통의 필요성을 인식하게 하고 공감과 소통을 해야겠다는 마음을 이끌어 낼 수 있는 주제를 선정한다.

1. 작품의 주제는 무엇인가요?

2. 주제 선정의 이유는 무엇인가요?

• 포스터 초안을 완성하기 전에 다음을 구체적으로 생각해 본다.

1. 전달하고자 하는 주제를 함축적으로 표현했나요?

2. 그림을 쉽게 이해할 수 있나요?

3. 표어는 주장하고자 하는 의미를 잘 전달하나요?

4. 표어와 그림은 잘 어울리나요?

## 〈활동지 11-3-②〉 포스터 초안 보드

포스터의 초안을 그려 본 후 도화지에 옮겨 보세요.

이 장에서 알게 된 부분, 또는 정리를 하면서 느낀 점 등을 자유롭게 작성해 보세요.

학과: 학번: 이름:

제12장

# 공감과 소통으로 만드는 세상

지금까지의 과정을 통해 자신에게 일어난 긍정적인 변화가
무엇인지 찾아 문제 상황이 발생되었을 때 대처하고 극복한다.
이러한 나의 변화가 아름다운 세상을 위하여
어떠한 영향을 미칠 수 있는지 알 수 있다.

## 들어가면서

### 공감과 소통의 관계 이해하기

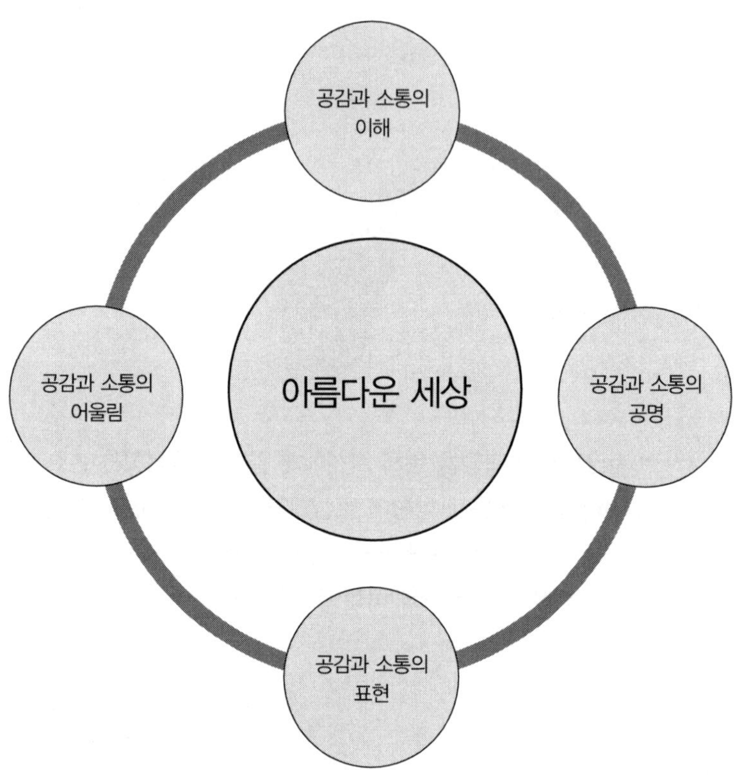


우리는 지금까지의 과정을 통해 공감과 소통의 개념을 이해했고 자신의 사고와 감정 그리고 다른 사람과의 관계 형성에 대해 알아보며 원활한 관계를 위한 소통의 표현 기술을 배웠다. 또한 다른 사람들과 공감과 소통으로 문제 해결을 하면서 결과물을 만들었다. 공감과 소통을 실제로 경험하면서 변화된 나의 모습을 점검해 보고 넓은 세상에 나아가서 긍정적인 영향력을 미치며 보다 나은 아름다운 세상을 만들어 가자.

지금 세계는 종교, 영토와 자원을 둘러싼 분쟁이 계속되어 평화를 위협하여 인권이 심각하게 침해되고 있다. 우리나라는 분단 국가로 전쟁에 대한 위협에 노출되어 항상 긴장 속에서 불안해하고 있다. 이렇듯 현대사회는 분쟁과 다른 이념으로 인해 위험 속에 있고 이런 위험은 서로 다름을 인정하지 않고 자신의 주장만이 옳다고 내세우는 것에서 비롯된다.

우리 사회는 기술의 발달로 인해 빠르게 변하고 복잡해지면서 점점 더 이기주의적이고 경쟁적이며 배타적으로 변화하고 있다. 다인종 · 다문화 사회로 급속히 진전되고 있는 가운데 사람들은 단일민족을 내세우며 다인종 · 다문화를 인정하지 않으려 하고 종교 · 세대 간 소통의 부재로 사회의 갈등이 심화되고 있다. 이는 서로의 다른 점을 인정하지 않고 존중하지 않는 것에서 시작되는 것이다.

그렇다면 사회적 문제와 갈등을 해결하는 방법은 무엇인가?

그 해법은 우리가 배운 공감과 소통에 있다. 서로의 다름을 역지사지(易地思之)하여 이해하고 존중한다면 서로 어우르며 행복하게 살 수 있을 것이다. 다문화 체험이나 장애인 체험, 또는 종교 · 세대 간에 서로 입장을 바꾸어 생활하는 체험을 한다면 서로가 서로의 입장을 조금씩 이해하고 배려하게 되어 공감과 소통의 사회가 될 것이다.

우리는 사회 속에서 관계를 맺고 산다. 여기에서의 관계란 단지 나와 다른 사람과의 관계만을 말하는 것이 아니다. 나와 자기 자신, 또 나와 다른 사람, 나와 자연, 나와 지구, 나와 우주에 이르기까지 생물과 무생물 모두를 포함하여 모든 것과 관련이 있고 서로 연결되어 있다는 것이다. 그러므로 우리는 먼저 자기 자신과의 관계를 살펴봐야 한다. 우리는 자신과의 관계를 통하여 자기 자신을 이해하고 수용하며 보살피고 존중할 수 있다.

자신과의 관계는 필연적으로 다른 사람과의 관계에 영향을 주고받기 마련이다. 우리는 다른 사람과 관계를 맺는 과정 속에서 자기 자신을 보다 잘 알게 되고 자신의 존재 의미를 깨닫게 된다.

나와 다른 사람이 연결되어 있다는 사실로 우리는 자신 이외의 다른 존재도 알고 이해하며 마음을 써야 한다는 것을 인식하게 해준다.

사람은 자신의 생각과 감정을 함께 나누고 싶어 한다. 자신의 생각에 다른 사람들이 많이 동의해 주거나, 그 감정을 함께 나누는 사람이 있을 때 감정이 더 깊어져서 더 큰 행복과 가치를 느낀다. 따라서 소통이 원만하게 이루어지면 공감의 영역이 넓어지고 그만큼 모두가 행복해지고 자신도 행복하다. 지속적인 행복은 공감에 바탕을 둔 소통이 함께 할 때 비로소 느낄 수 있다.

우리는 지금까지 공감과 소통에 대해 배웠고, 공감과 소통의 과정을 통하여 지금의 내가 있다는 것을 알았다. 지금의 나에게는 어떠한 변화가 일어났는가?

공감과 소통을 통한 긍정적인 나의 변화가 내가 속한 공동체에 긍정적인 변화를 주고, 그 공동체가 사회에 긍정적인 영향을 주며, 그 영향력이 확산되어 아름다운 세상을 만들 수 있다.

"나비의 날갯짓이 지구 반대편에서는 태풍을 일으킬 수 있다."

작은 행동 하나가 긍정적이고 바람직한 영향력을 발휘하여 아름다운 세상을 위한 시작이 된다.

출처: 〈아름다운 세상을 위하여(Pay It Forward)〉(2000).

## 한 걸음 더

### 모두를 위한 디자이너 패트리샤 무어(Patricia Moore)

1979년 뉴욕, 한 할머니가 방송에 나왔다. 그녀는 백발에 사람들 도움 없이는 문을 여닫을 기력조차 없는 노인이었다. 몇 년 후 세상에는 저상버스, 전철 휠체어칸, 양손잡이용 가위, 손잡이를 고무로 만든 냄비 등 노인을 위한 디자인 제품들이 나와 사람들을 놀라게 하였다.

그리고 이 제품들을 디자인한 사람이 그 노인이었다는 것, 그리고 그녀가 사실 노인이 아니고 산업 디자이너 패트리샤 무어라는 26세의 여성이었다는 사실이 더욱 사람들을 놀라게 했다.

패트리샤는 첫 직장에서 노인들을 위한 디자인을 제안했다가 거절당해 퇴사하고 직접 만들어 보기로 결심했다. 그녀는 노인을 관찰하는 것만으로는 부족하다고 여겨 특수분장사에게 부탁해 노인 분장을 한 후 3년 동안 116개의 도시를 돌아다니며 모든 정보를 모았다.

이후 패트리샤는 자신의 모든 관찰 결과와 경험을 살려 소리가 나는 주전자 등 많은 제품을 내놨고, 이는 노년층뿐 아니라 모든 연령층에게 큰 인기를 얻었다.

패트리샤의 이야기는 널리 퍼졌고 많은 화제를 모았다. 40년이 지난 지금도 패트리샤는 여전히 왕성한 디자인 활동을 펼치고 있다.
유니버설 디자인(universal design)은 인간의 삶을 보다 풍요롭고 편리하게 만드는 점에서 사람을 위하는 것으로 공감과 소통의 대표적인 디자인이다.

출처: MBC '신비한TV 서프라이즈'(2015. 12. 20.).

## 〈활동지 12-1〉 긍정 피드백: 강점 나누기

인간관계의 발전과 심화를 위해서는 상대방에 대한 긍정적 감정을 잘 표현하는 일이 중요하다. 나에 대해서 정당하게 긍정적인 평가를 하고 긍정적인 감정을 표현해 주는 사람이 있다는 사실이 살아감에 있어 큰 힘을 줄 것이다. 서로에게 긍정적인 피드백을 해 보자.

**긍정 피드백의 효과**

- 자신에 대한 긍정적인 생각이 높아진다.
- 어려운 일이 생겼을 때 당황하지 않고 자신의 능력을 발휘할 수 있다.
- 학업과 일의 만족도가 높아진다.
- 사람들과의 관계에서 자신감이 생긴다.
- 다른 사람과 함께 공부하고 일하는 것이 즐겁고 행복해진다.

나누어 준 포스트잇에 다른 사람들의 강점을 기입하여 선물해 보세요. 또 다른 사람에게 받은 강점 포스트잇을 토대로 나의 강점 목록을 적어 보세요.

## 〈활동지 12-2〉 공감과 소통을 위한 나의 실천 방법

공감과 소통을 실천하고 잘 유지하기 위한 자신만의 방법을 선택하고 다짐해 보자.

1. 공감과 소통을 실천하기 위한 나의 실천 방법은 무엇인가요?

2. 나만의 실천 방법을 위와 같이 정한 이유는 무엇인가요?

3. 공감과 소통의 실천을 잘 지속하기 위한 나의 다짐은 무엇인가요?

## 〈활동지 12-3〉 공감과 소통의 세상 만들기

현재 공감이 잘 이루어지지 않아 일어난 사회적 이슈를 우리가 배웠던 과정을 통하여 어떻게 변화시키고 그 결과로 어떤 사회를 만들 수 있는지 토론하고 제시해 보세요.

공감과 소통의 세상을 위하여

사회적 이슈

변화를 위한 방법

결과

## 〈활동지 12-4〉 뜨거운 감자

공감과 소통의 과정을 통해 배운 것을 점검해 보며 되돌아본다.

• 방법

① 집단별로 한 명씩 가장 기억에 남는 개념을 겹치지 않도록 네모 칸 안에 기입한다.

② 리듬감 있는 음악을 틀어 놓고 리듬에 맞추어 뜨거운 감자(볼펜이나 지우개 활용 가능)를 돌린다.

③ 리더가 "스톱!"이라고 외치거나 중간에 음악을 끊으면 그때 감자를 들고 있는 사람이 여덟 가지 개념 중에서 하나를 선택하여 설명한다.

④ 여덟 가지의 개념 설명이 모두 끝날 때까지 반복한다.

공감과 소통의 여덟 가지 개념

| | | | |
|---|---|---|---|
| | | | |
| | | | |

이 장에서 알게 된 부분, 또는 정리를 하면서 느낀 점 등을 자유롭게 작성해 보세요.

학과: 학번: 이름:

## | 참고문헌 |


김광수, 양곤성(2012). 용서상담프로그램이 집단따돌림 피해아동의 용서와 자아개념에 비치는 영향. **청소년상담연구**, 20(1), 175-192.

김은영(2013). 격려집단훈련 프로그램이 초등학생의 스트레스 감소 및 교육관계 개선에 미치는 영향. 전남대학교 교육대학원 석사학위논문.

김춘경(2006). **아들러 아동상담 이론과 실제**. 서울: 학지사.

나은영(2013). **행복 소통의 심리**. 서울: 커뮤니케이션북스.

박성희(2004). **공감학: 어제와 오늘**. 서울: 학지사.

박성희(2009). **공감**. 서울: 학지사 이너북스.

설기문(1997). **인간관계와 정신건강**. 서울: 학지사.

송오현(2006). **공감의 힘**. 서울: 랜덤하우스코리아.

양소은(2013). 누구와 소통하는가: 연결된 청소년의 공동체적 삶 역량 계발. 서울대학교 대학원 석사학위논문.

오영희(2006). 한국인의 상처와 용서에 대한 조사. **교육심리연구**, 20, 467-486.

유동수(2000). **감수성 훈련**. 서울: 학지사.

이경리(2014). **인간관계와 의사소통 워크북**. 서울: 포널스출판사.

이근용(2013). 소통 개념 및 대상의 확대 가능성. **한국소통학회**, 115.

이수용(2002). **인간관계의 심리**. 서울: 학지사.

이장호, 금명자(2012). **상담연습 교본**. 서울: 법문사.

이정아(2015). 기독교인의 주관적 행복감 증진을 위한 의사소통 프로그램 개발: 사티어 이론을 중심으로. 한남대학교 학제신학대학원 석사학위논문.

이준용(2013). 소통은 진리를 위한 것인가? **커뮤니케이션 이론**, 9(4), 100-135.

이호창, 여민우, 최정환(2014). **유니버설 디자인의 이해**. 서울: 일진사.

이희경(2007). 중학생의 희망과 공감 하위집단에 따른 심리적 안녕감의 차이. **한국심리학회지: 상담 및 심리치료**, 19(3), 751-766.

전정미(2005). 화법 교육과정의 문제와 개선 방안: 설득 화법의 원리와 방법. **한국화법학회**, 8(0), 281-303.

최은연(2004). 의사소통기술 집단상담이 고등학생의 자아개념 및 의사소통능력에 미치는 효과. 고신대학교 대학원 석사학위논문.

하지현(2011). **하지현 박사의 소통 & 공감: 사소한 말 한마디에도 상처받는 직장인들을 위한 심리학 멘토링**. 서울: 궁리출판.

한상복(2006). **배려: 마음을 움직이는 힘**. 서울: 위즈덤하우스.

홍경자(2007). **의사소통의 심리학: 소통을 이루는 대화의 기술**. 서울: 학지사 이너북스.

Baron-Cohen, S., & Wheelwright, S. (2004). The empathy quotient: an investigation of adults with Asperger syndrome of high-functioning autism, and normal sex differences. *Journal of Autism and Developmental Disorders, 34*, 164-175.

Barrett-Lennard, G. F. (1981). The empathy scales: Refinement of a nuclear concept. *Journal of Counseling Psychology, 28*, 91-100.

Felker, D. W. (1974). *Building positive self-concepts*. Minneapolis, Minn: Burgess Publishing Company.

Howe, D. (2013). *Empathy: What it is and why it matters*. **공감의 힘: 인간과 인간이 만드는 극적인 변화**. 이진경 역. 서울: 넥서스.

Krznaric, R. (2014). *Emphathy: a handbook for revolution*. **공감하는 능력**. 김병화 역. 서울: 더퀘스트 길벗.

Lane, B. (2010). *Jacked Up: The inside story of how Jack Welch talked Ge into becoming the world's greatest company*. **소통의 노하우**. 서상혁 역. 서울: K-books.

McGrath, H., & Edwards, H. (2014). *Difficult personalities: a practical guide to managing the hurtful behaviour of others*. **함께 지내기 힘든 성격들**. 이지연 역. 서울: 학지사.

Mead, G. H. (1934). *Mind, Self and Society*. Chicago: University of Chicago Press.

Rogers, C. R. (1970). *Encounter groups*. New York: Harper & Row.

Tolstoy, L. N. (1998). **예술이란 무엇인가**. 이철 역. 서울: 범우사.

MBC 신비한TV 서프라이즈(2015. 12. 20.). 노인을 위한 세상-패트리샤 무어, 노인을 위해 노인이 된 여자.

## | 저자 소개 |


**박성옥**(Park Sung Ok)

경희대학교 대학원 이학박사(아동상담 전공)

현 대전대학교 아동교육상담학과 교수

한국임상게임놀이학회장

대전대학교 인문영재교육원장

대전대학교 H&H 가족통합지원센터장

대전광역시교육청 동부다문화교육센터장

**김혜영**(Kim Hye Young)

대전대학교 대학원 박사수료(심리치료 전공)

현 대전대학교 H&H 가족통합지원센터 상담실장

대전대학교 외래교수

**최영희**(Choi Young Hee)

대전대학교 대학원 박사수료(심리치료 전공)

현 대전대학교 H&H 가족통합지원센터 전문상담원

대전대학교 외래교수

**김연정**(Kim Youn Jung)

대전대학교 대학원 박사수료(심리치료 전공)

현 M. A. P. 심리상담교육센터 소장

대전대학교 외래교수

**허혜리**(Hur Hea Ri)

대전대학교 대학원 박사수료(심리치료 전공)

현 대전 가정위탁지원센터 마음충전상담소 상담원

대전대학교 외래교수

# 공감과 소통

**Empathy and Communication**

2016년 3월 25일 1판 1쇄 발행
2023년 1월 20일 1판 5쇄 발행

지은이 • 박성옥 · 김혜영 · 최영희 · 김연정 · 허혜리
펴낸이 • 김 진 환
펴낸곳 • (주) 학지사
04031 서울특별시 마포구 양화로 15길 20 마인드월드빌딩 5층
대표전화 • 02) 330-5114 팩스 • 02) 324-2345
등록번호 • 제313-2006-000265호
홈페이지 • http://www.hakjisa.co.kr
페이스북 • https://www.facebook.com/hakjisabook

ISBN 978-89-997-0920-3 93180

**정가 12,000원**

저자와의 협약으로 인지는 생략합니다.
파본은 구입처에서 교환하여 드립니다.